「慰安婦」問題の解決

戦後補償への法的視座から

深草 徹

花伝社

はじめに

かつて、歴史学者吉見義明氏は、1995年4月に刊行された『従軍慰安婦』（岩波新書）の終章で、「慰安婦」（以下、本書ではカギ括弧を付さずに単に慰安婦とする）問題の解決のために日本政府のとるべき措置として以下のことを提起されました。

①従軍慰安婦に関する政府資料の全面公開と、すべての被害国の証人からのヒアリングによる真相解明
②国際法違反行為・戦争犯罪を日本国家が行ったことの承認と謝罪
③責任者を処罰してこなかった責任の承認
④被害者の更生（リハビリテーション）の実行
⑤被害者の名誉回復と個人賠償
⑥何が過ちであったのかを明確にとらえ、過ちをくりかえさないための歴史教育・人権教育の実施、被害者を追悼するための記念碑の設置、史実をあきらかにするための資料センターの設置、歴史を記憶する記念館の設置、あるいはそれへの援助など、再発防止措置の実行

この提起以来、四半世紀が経過しました。この間、村山富市政権下で創設された「女性のためのアジア平和国民基金」（以下、「アジア女性基金」とする）事業による解決への試みもありましたが、多くの韓国の元慰安婦の方々との関係では受け入れられず、失敗に終わってしまいました。韓国や中国を主体とする元慰安婦の方々が日本の裁判所で闘われた裁判では、下級審レベルでの一部貴重な成果を得たものもありましたが、結局、すべての訴えが斥《しりぞ》けられる結果に終わってしまいました。２０１５年12月には、安倍晋三政権と朴槿恵政権との間に「慰安婦問題合意」が成立しましたが、後に見る事情により、現時点では休眠状態にあると言ってよいでしょう。

わが国政府による真相解明は、１９９３年８月４日のいわゆる河野談話で以下のように確認して以後、何らの前進もありません。

河野談話全文

いわゆる従軍慰安婦問題については、政府は、一昨年12月より、調査を進めて来たが、今般その結果がまとまったので発表することとした。

今次調査の結果、長期に、かつ広範な地域にわたって慰安所が設置され、数多くの慰安婦が存在したことが認められた。慰安所は、当時の軍当局の要請により設営されたものであり、慰安所の設置、管理及び慰安婦の移送については、旧日本軍が直接あるいは間接にこれに関与した。慰安婦の募集については、軍の要請を受けた業者が主としてこれに当たったが、その場合も、甘言、強圧による等、本人たちの意思に反して集められた事例が数多くあり、更に、官憲等が直接これに加担したこともあったことが明らかになった。また、慰安所における生活は、強制的な状況の下での痛ましいものであった。

なお、戦地に移送された慰安婦の出身地については、日本を別とすれば、朝鮮半島が大きな比重を占めていたが、当時の朝鮮半島は我が国の統治下にあり、その募集、移送、管理等も、甘言、強圧による等、総じて本人たちの意思に反して行われた。

いずれにしても、本件は、当時の軍の関与の下に、多数の女性の名誉と尊厳を深く傷つけた問題である。政府は、この機会に、改めて、その出身地のいかんを問わず、いわゆる従軍慰安婦として数多の苦痛を経験され、心身にわたり癒しがたい傷を負われたすべての方々に対し心からお詫びと反省の気持ちを申し上げる。また、そのような気持ちを我が国としてどのように表すかということについては、有識者のご意見なども徴しつつ、今後とも真剣に検討すべきものと考える。

われわれはこのような歴史の真実を回避することなく、むしろこれを歴史の教訓として直視していきたい。われわれは、歴史研究、歴史教育を通じて、このような問題を永く記憶にとどめ、同じ過ちを決して繰り返さないという固い決意を改めて表明する。

なお、本問題については、本邦において訴訟が提起されており、また、国際的にも関心が寄せられており、政府としても、今後とも、民間の研究を含め、十分に関心を払って参りたい。

現時点で、吉見氏の提起された措置の実現は困難な状況にあることを認めざるを得ません。このことは、とりわけて重い難問として、日韓両国間に沈殿し、その関係を阻害する大きな要因になっていると言えるのではないでしょうか。

韓国では、２０１３年ころから元慰安婦や遺族ら被害者が〝最後の救済手段〟として、韓国の裁判所に日本国を相手として国家賠償を求める動きが始まり、当初は調停事件として、次いで日本政府が調停事件に応じなかったために訴訟移行となって、訴訟事件として複数件係属していました。

２０２１年１月８日、それらの事件に大きな動きがありました。

韓国・ソウル中央地方法院が、故人を含む元慰安婦の女性12人が日本国を被告として損害賠償を求めた訴訟で、請求どおり１人当たり１億ウォン（約９５０万円）の支払いを命じる判決を言い渡したのです（以下、「本判決」とする）。

この判決の言い渡しがなされた同日、外務省ホームページには、「報道発表」として以下の伝達文が掲載されました。

元慰安婦等による韓国国内の訴訟に係る我が国の立場の韓国政府への伝達（２０２１年１月８日）

１　１月８日、秋葉剛男外務事務次官は南《ナム》・官杓《グァンピョ》駐日韓国大使を直ちに召致し、元慰安婦等が日本国政府に対して提起した韓国ソウル中央地方裁判所における訴訟において、ソウル中央地方裁判所が、国際法上の主権免除の原則を否定し、原告の訴えを認める判決を出したことは、極めて遺憾であり、わが国政府として本判決は断じて受け入れられない旨強く抗議を行いました。

2　慰安婦問題を含め、日韓間の財産・請求権の問題は、1965年の日韓請求権・経済協力協定で完全かつ最終的に解決済みです。また、慰安婦問題については、2015年の日韓合意において「最終的かつ不可逆的な解決」が日韓両政府の間で確認されています。

3　韓国政府に対して国際法違反を是正するために適切な措置を講じることを強く求めます。

これを読んだ私は、率直に言って違和感を覚えました。わが国政府・外務省の対応は拙速すぎやしないか、もう少し慎重であるべきではないかと。報道によると、外務省幹部は「司法の暴走が目に余る」と語ったとのことですが、果たしてそうでしょうか。

以下、国際法上の主権免除の原則、日韓請求協定により解決済みという問題、2015年の日韓政府間合意について順を追って述べていきたいと思います。

◉参考　日韓請求権協定第2条

1　両締約国は、両締約国及びその国民（法人を含む。）の財産、権利及び利益並びに両締約国及びその国民の間の請求権に関する問題が、1951年9月8日にサンフランシスコ市で署名された日本国との平和条約第4条（a）に規定されたものを含めて、完全かつ最終的に解決されたこととなることを確認する。

2　この条の規定は、次のもの（この協定の署名の日までにそれぞれの締約国が執った特別の措置の対象となったものを除く。）に影響を及ぼすものではない。

(a)一方の締約国の国民で1947年8月15日からこの協定の署名の日までの間に他方の締約国に居住したことがあるものの財産、権利及び利益

(b)一方の締約国及びその国民の財産、権利及び利益あって1945年8月15日以後における通常の接触の過程において取得され又は他方の締約国の管轄の下にはいったもの

3　2の規定に従うことを条件として、一方の締約国及びその国民の財産、権利及び利益であってこの協定の署名の日に他方の締約国の管轄の下にあるものに対する措置並びに一方の締約国及びその国民の他方の締約国及びその国民に対するすべての請求権であって同日以前に生じた事由に基づくものに関しては、いかなる主張もすることができないものとする。

第1章　国際法上の主権免除の原則を否定したことは暴走か？

1　主権免除の原則とは

本判決は、韓国の裁判所は日本国を被告とする訴訟を受理し、日本国に損害賠償を命じる判決をなし得るのかという国際法上の重要な論点について、韓国の裁判所として積極説をとることを明らかにしました。これは国際法上大きな意義があると思いますので、この論点に関して、以下、解説してみたいと思います。

言うまでもないことですが、現在の国際社会は、個別の主権国家により構成されています。ですから、ある国の主権は他国には及ばないのが原則です。もしある国の主権が他国に及ぶとしたら、その他国は保護国とみなされます。その究極の形が植民地です。

日本とアメリカとの関係を例にとると、法的には安保条約や地位協定をはじめとする諸協定、その他の公表された、もしくは秘密のさまざまな政府間合意などにより、政治、経済、外交、軍事の各部面でアメリカの主権的意思が貫かれており、日本はそれに従わざるを得ないという状況となっています。この状況を、事実上、日本はアメリカの保護国だと言い表すことができるかもしれません。

国際法においては、主権国家は他国の裁判権に服することはないという国際慣習法があります。これを主権免除の原則といい、ある国の主権は他国には及ばないという原則の、一つの適用場面であると考えられています。

しかし、たとえばA国の領域内で、B国の軍隊や公務員などがB国の指揮命令の下での任務遂行中に不法行為を犯した場合について、A国の裁判所はB国の責任をいっさい問えないというのは不都合ではないでしょうか。主権免除の原則が無制限だとすれば、国際法の根底にある正義・公平の観念に反することになる場面もあるはずです。

この問題について、わが国の最高裁判所は、2006年7月21日判決で、「外国国家は、主権的行為以外の私法的ないし業務管理的な行為については、我が国による民事裁判権の行使が当該外国国家の主権を侵害するおそれがあるなど特段の事情がない限り、我が国の民事裁判権に服することを免除されない。」と判示しています。一方、学説を見ると、たとえば国際法学者・岩沢雄司氏は、「軍隊の物資購入契約、外交に関する行為（大使館建設のための資材の購入契約など）、災害復興のための食料・物資の購入契約、公的債務」などをあげ、これらについては主権免除の対象外としています（総合研究開発機構編『経済のグローバル化と法』三省堂、65頁）。いずれもごく限定的ですが、主権免除の原則を適用しない場面を認めています。

◉参考

主権免除について、これを条約によってより明確化しようという試みがある。「国及びその財産の裁判権からの免除に関する国際連合条約」（国連主権免除条約）である。その内容は、「①国は、当該国が明示的に同意した場合等を除き、他の国の裁判所の裁判権からの免除が認められる。②商業的取引から生じた裁判手続、雇用契約に関する裁判手続等本条約に定める裁判手続については免除が認められない。③国の財産に対する差押え等は、当該国が明示的に同意した場合等を除き、とられてはならない。（刑事手続および軍事的な活動については対象外）」というものである。30か国の批准により発効するものとされているが、現時点でわが国を含めて11か国の批准にとどまり、未発効である。

２　ナチス・ドイツの戦争犯罪と主権免除の原則

戦後の国際社会で、主権免除の原則が大きな論議を呼んだ事件があります。イタリアの「フェリーニ事件」とギリシアの「ディストモ事件」です。いずれも第二次大戦中、ナチス・ドイツが犯した戦争犯罪に関わる事件です。

フェリーニ事件

１９４３年９月、イタリアは連合国に降伏し、翌月、ドイツに対して宣戦布告しました。これに対してドイツ軍は、イタリア領土の大部分を占領し、占領地において民間人を虐殺したり、ドイツ国内に連行して強制労働させたりしました。また、ドイツ軍はイタリア国内とヨーロッパ各地から多数のイタリア軍将兵を捕虜にし、ドイツ国内や占領地で強制労働させました。

戦後53年を経過した1998年、1944年から戦争終結までドイツ国内に連行されて強制労働させられたイタリア人元捕虜フェリーニが、イタリアの裁判所に、ドイツを被告とし、損害賠償を求めて訴訟を提起しました。このケースで、イタリアの破毀院《はきいん》（わが国の最高裁判所に相当する裁判所）は、2004年3月、被告ドイツに対し、原告らに賠償することを命じる判決を下しました。

ディストモ事件

1944年6月、ギリシアを占領したドイツ軍のナチス親衛部隊が、アテネの西北約100㎞の地にあるディストモ村で、パルチザンの待ち伏せ攻撃に対する報復と見せしめのために、婦女子を含む無辜の村民300人以上を殺戮し、村を焼き払うという残虐・非道な犯罪行為を行いました。それから51年あまり後の1995年、被害者・遺族250人あまりが、ギリシアの裁判所に、ドイツを被告として損害賠償を求める訴訟を提起しました。このケースで、2000年5月、ギリシア最高裁判所は、被告ドイツに対し、原告らに賠償することを命じる判決を下しました。

「フェリーニ事件」で、ドイツは国際司法裁判所（以下「ICJ」とする）に提訴し、イタリア破毀院判決は主権免除の原則に反すると主張しました（ギリシアも利害関係人として訴訟参加）。ICJは、2012年2月、ドイツの訴えを認め、イタリア破毀院の判決は主権免除の原則に反すると判断しました。

一方のイタリアとギリシアは、この裁判で、主権免除の原則は無制限ではないとして以下のような主張をしました。

①法廷地国の領域内における外国の不法行為によって法廷地国の住民が生命・身体・財産の損害を被った場合には主権免除を認めないというのが現在の国際慣習法である（「領域内不法行為例外の慣習法」）

②国際人道法や強行法規違反の重大な人権侵害については、主権免除は認められない（いわゆるユス・コーゲンス論）

③「裁判を受ける権利」が実質的に保障されない限り主権免除は認められない

ＩＣＪ判決は、これらの点について以下のように判断し、イタリア、ギリシアの主張を斥けました。

①について…（「不法行為例外の慣習法」には直接言及しないで）「武力紛争の遂行過程」における行為については他国の領域で行ったとしても主権免除の対象となる

②について…各国の裁判や立法その他の国家実行において、国際人道法違反と強行法規違反について主権免除から除外することは未だ慣習法化していない

③について…主権免除の享受は補償を確保するための有効な代替手段の存在にかかっているという慣習国際法を導くことができる国家実行を見出すことができない

もっとも、②については、２００１年の欧州人権裁判所大法廷判決で、「国際人道法又は人権法に

対する重大な侵害に関する場合には、国家はもはや主権免除を享受できない」という主張を9対8の僅差で排斥したことに言及していますし、③については「裁判所は国際法によるドイツの裁判権からの免除が、関係するイタリア国民に対する法的補償を不可能にする可能性があることを認識しなかった訳ではない」、「しかしながら、……イタリア国民の請求は、この問題の解決の見地から行われる今後の二国間交渉の主題となるであろう」と述べるなど、ＩＣＪはこの判断の妥当性に対する疑念、ためらいを抱いていると見ることができると言ってよいでしょう。

このＩＣＪ判決は、そのようなためらい、疑念の表明とあいまって、以下の理由で、破られる可能性なきにしもあらずと考えられていました。

①について…「武力紛争の遂行過程」における行為に限定しており、その他の行為に関しては「不法行為例外の国際慣習法」を認める可能性が留保されていると見られること

②について…国際人道法違反や強行法規違反など重大な人権侵害行為は主権免除の対象とならないという学説が国際法学において地歩を固めつつあり、この判決が指摘するように欧州人権裁判所の判断も流動的であること

③について…判決も認める法的救済の可能性を否定する結果になってしまうことのすわりの悪さ

イタリアはその後、２０１３年1月にＩＣＪ判決を受け入れ、同種事件についてイタリアの裁判管轄を否定する法律が制定されました。しかし、イタリア憲法裁判所は、２０１４年10月、この法律を

違憲とする判決を下しています。その理由は、主権免除によりイタリア共和国憲法第２条及び第24条により規定されるイタリア法秩序の最高原則のひとつである基本的人権の司法による保護が犠牲となることは正当化できないというものでした。

このようなことから主権免除の原則は必ずしも確たるものではなく、流動的なものでした。本判決は、こうした流れにも沿ったもので、国際法上、十分射程圏内に入っていたものだと言ってよいでしょう。主権免除の原則を適用しなかったからといって、本判決を暴走だなどと決めつけるのは正しくありません。

◉参考　イタリア共和国憲法

第２条　共和国は、個人としてまたその人格が社会において形成されていくものとして、人間の不可侵の権利を認めこれを保障する。また政府は、政治的、経済的及び社会的な連帯に関する不可欠な義務の履行を国民に求める。

第24条１項　何人も、自らの権利および正当な利害を擁護するため、訴えを提起できる。

２〜４項……（略）

3　これ以上日韓の溝を深め、裂け目を拡大してはならない

本判決における主権免除の原則の具体的判断

本判決は、主権免除の原則の問題について以下のように処理しています。

①まず前提として、主権免除の原則に関する国際法理論の流れを、⑴19世紀末までは国家の主権平等原則の帰結として広く認められたが、19世紀末以後の各国の立法動向や条約においては私法的・商業的行為等については主権免除を適用しないというように制限的な取り扱いが主流になった、⑵反人倫的・反人権的行為に対する訴訟においては主権免除を認めてはならないという国際法学説が提起されている、と整理する。

②韓国大法院及び憲法裁判所の判例では、私法的・商業的行為については主権免除を適用しないとされているので、慰安所の設置・運営・管理、慰安婦の動員、慰安婦の使役など慰安婦に関わる非人道的行為が私法的・商業的行為にあたるのかと自ら問いを立て、以下のような理由から、これを主権的行為だとする。

——慰安婦に関わる非人道的行為の一部に民間業者らが関与しており、それにより一部分は彼らの商業的利益に帰する余地があったと見られるが、全体として次のような性質があるから、これを私法的・商業的行為とは言い難く、主権的行為と見るべきである。

ｉ　慰安婦を確保し、使役することにより日本帝国が達成しようとした目的は日本軍人らの身体的・情緒的安定、軍隊の効率的統率と統制などであると見られる。軍隊を保有し、統率し、統制することは国家の行為中最も権力的な行為のひとつである。

ⅱ　慰安婦を確保し、使役する行為には軍隊の他にも各種の国家機関が関与した。しかし、それらの国家機関は私経済主体としての利益達成等を目的として相手方と同等の地位で行ったのではないというべきである。

ⅲ　慰安婦を確保し、使役した背景には当時の日本帝国政府の政策的判断があり、法令の整備、予算の配分などがあった。

③２０１２年２月３日のドイツ対イタリアの事件のＩＣＪ判決とその後の経過を以下のように整理する。

ｉ　ＩＣＪ判決では、「主権免除に関する国際慣習法は、武力衝突の状況における国家の武装兵力及び関連機関による個人の生命、健康、財産侵害に関する民事訴訟手続においても適用される」と判断された。

ⅱ　ＩＣＪ判決では、国際人権法や戦争法など強行法規違反だということで主権免除を否定できないと判断された。

ⅲ　ＩＣＪ判決では、ほかに救済手段がないということをもって主権免除を否定できないと判断された。

ⅳ　ＩＣＪ判決後、イタリア憲法裁判所は、２０１４年10月22日、主権免除の国際慣習法は人間の尊厳と価値および司法へのアクセスを根幹とするイタリア憲法秩序の基本的価値を侵害するものであって、国内法秩序に受容することはできないという趣旨の判断をした。

④「慰安婦に関する非人道的行為は、日本帝国によって計画的、組織的に広範囲に強行された反人道的犯罪行為であって国際強行規範に違反するものであり、当時の日本帝国により不法占領中であった韓半島内で我が国民である原告らに対して強行されたものであって、たとえ本件行為が国家の主権的行為であっても主権免除を適用することができず、例外的に大韓民国裁判所に被告に対する裁判権があるといえる」として、以下の理由をあげる。

i 韓国憲法第27条第1項は、裁判請求権を国民の基本権として保障している。このような裁判請求権は、他の基本権の保障のための基本権という性格を有し、他の実体的基本権と合わせて十分に保護され保障されるべき基本権である。また「世界人権宣言」第8条でも、「すべて人は、憲法又は法律によって与えられた基本的権利を侵害する行為に対し、権限を有する国内裁判所による効果的な救済を受ける権利を有する。」と規定している。

基本権の保障のための実効的な権利である裁判を受ける権利を制限することは極めて慎重であるべきである。

ii 主権免除は手続的要件に関するもので手続法に属するが、手続法が不十分なことにより実体法上の権利や秩序が形骸化されたり歪曲されたりしてはならない。

iii 主権免除の理論は恒久的で固定的なものではなく、国際秩序の変動に応じて継続して修正されている。このような修正は個人の権利を保護する方向でなされている。

iv

「武力紛争遂行中」は予想不可能な損害発生が生じるので、その際に行われた行為については主権免除が適用されるとしても、日中戦争も太平洋戦争も、朝鮮半島は戦場ではなく慰安婦動員のための欺罔《ぎもう》、拉致、誘拐などの不法行為は「武力紛争遂行中」に行われたものとは言えない。

v

１９６９年に締結された条約法に関するウィーン条約第53条によると、国際法規にも上位規範である「絶対規範」と下位規範の間には区別がある。下位規範は「絶対規範」を逸脱してはならないと言うべきである。ここにいう「絶対規範」の例として国連国際法委員会の２００１年「国際違法行為に対する国家責任条約草案」の解説で挙示された侵略禁止、奴隷制および奴隷貿易禁止、ジェノサイド禁止、人種差別および人種隔離禁止、拷問禁止、武力衝突時の国際人道法の基本原則、民族自決権等をあげることができる。

vi

被告とされた国家が国際共同体の普遍的な価値を破壊し、反人権的行為により被害者に深刻な被害を加えた場合までも、最終的手段として選択された民事訴訟で裁判権が免除されると解釈することは不合理で不当な結果を導くことになる。

すなわち、人道に反する重大な不法行為を犯した場合まで主権免除を認めるとすると、ある国家が他の国家の国民に対し、人道に反する重大犯罪を犯すことができないようにした国際諸条約に違反しても、これを制裁することができなくなり、これにより人権を蹂躙された被害者は憲法で保障された裁判を受ける権利を奪われ、自身の権利をまともに救済されない結果をもたらし、憲法を最上位規範とする法秩序全体の理念にも合致しない。

慰安婦被害者らは、日本、アメリカなどの裁判所に何度も民事訴訟を提起したが、すべて棄却又は却下された。請求権協定と２０１５年の「日本軍慰安婦被害者問題関連合意」も被害を受けた個人の賠償を含めることができなかった。交渉力や政治力を持たない個人に過ぎない原告らとしては、本件の訴訟のほかに具体的に損害の賠償を受ける方法は見出しがたい。

vii

主権免除の原則は、主権国家を尊重し、みだりに他国の裁判権に服従しないようにする意味を持つのであり、絶対規範（国際強行規範）に違反して他国の個人に大きな損害を与えた国が主権免除の原則の背後に隠れ、賠償と補償を回避する機会を与えるために形成されたものではない。

（以上は、制作・管理者／山本晴太弁護士・福岡県弁護士会所属のホームページ「法律事務所の資料棚アーカイブ」に掲載された本判決の判決書訳文を参照しました。）

◉参考

韓国憲法第27条1項　全ての国民は憲法と法律で定める裁判官により法律による裁判を受ける権利を有する。

世界人権宣言第8条　すべて人は、憲法又は法律によって与えられた基本的権利を侵害する行為に対し、権限を有する国内裁判所による効果的な救済を受ける権利を有する。

条約法に関するウィーン条約第53条　締結の時に一般国際法の強行規範に抵触する条約は、無効である。この条約の適用上、一般国際法の強行規範とは、いかなる逸脱も許されない規範として、また、後に成立する同一の性質を有する一般国際法の規範によってのみ変更することのできる規範として、国により構成されている国際社会全体が受け入れ、かつ、認める規範をいう。

本判決の主権免除に関する判断は不当とは言えない

以上が本判決の主権免除に関する判断です。主権免除の原則はどこまで認められるかという問題は、現在の国際法の最先端の問題の一つです。本判決は、多面的かつ詳細に検討を加え、慰安婦に関する非人道的行為には、主権免除は適用されないと判断しました。

私は、本判決は現在の国際法において十分な説得力を持つと思います。少なくとも慎重に検討するに値するものであり、軽々に取り扱うべきではないでしょう。

本判決を聞きかじったある種の人々が、嫌韓ムードに悪乗りして「主権免除の原則を認めないなどあり得ないことだ」、「韓国の裁判所はけしからん」、「韓国はとんでもない国だ」などというバッシングをしています。そうした人たちは、本判決を読み、展開されている論旨にきちんと向き合うべきだと思います。判決を読まないで非難するのは、「一犬虚ニ吠ユレバ万犬実ヲ伝フ」のたぐい、民主主義社会にはあってはならないことです。是非、冷静に検討して頂きたいと思います。

わが国政府とわが国民の対応について

わが国は、この訴訟の無視を決め込み、訴状さえも受け取りを拒否しました。そのため、公示送達の手続きにより、訴訟が進められました。勿論、答弁書の提出も主張書面の提出もしていません。

◉参考　公示送達

訴訟手続法により当事者に送達することが定められている書面が受け取り拒否された場合などに、

その書面を一定の期間、裁判所の掲示板に掲示することによって送達の効果を生じさせる手続き。

繰り返しますが、2001年欧州人権裁判所判決、2012年ICJ判決、国際法学説の状況などを正しく見据えるならば、主権免除の原則は絶対的なものではなく、かつ判断は流動的であり、日本が戦前植民地朝鮮で引き起こした非人道的行為とされる慰安婦事件について主権免除の原則が適用されない可能性があることは、わが国政府・外務省も予測の範囲内のことであるはずでした。

従って、わが国政府・外務省は、この訴訟を無視せず、応訴し、第一次的に主権免除を主張して却下を求め、第二次的にわが国政府の年来の慰安婦問題に関する主張を正々堂々と尽くすべきであったでしょう。

しかるにわが国政府・外務省は、主権免除の原則は絶対に揺るがないとの考え方に凝り固まり、柔軟な対応をすることを一切検討することもなく、なすがままに放置してきました。これは、シカトとも言うべき、韓国蔑視を象徴する対応だったと言えるのではないでしょうか。元慰安婦や遺族に対しては勿論のこと、韓国国民に対しても侮辱以外のなにものでもありません。

訴訟は、争いではありますが、ある面では対話の場でもあります。それを無視するのは対話の拒否、対話すべき相手の否定です。

韓国人慰安婦問題は、わが国の朝鮮半島に対する植民地支配とアジア侵略戦争によって引き起こされました。これに正面から向き合い、韓国の人々に対し真心をもって謝罪と反省を示し続ける以外に、日韓両国の間の深い溝を埋めることはできません。私たちは過去と現在との尽きることのない対話という歴史の実践と、韓国の人々との尽きることのない対話という国際関係における道理ある実践とを通じて、この深い裂け目を修復するほかはないのです。

「何度謝罪したら済むというのか」、「いつまで古い過去をほじくり返すのか」などという悪罵を吐き捨てることはやめるべきです。それでは溝を深め、裂け目を拡大するばかりです。あなたの親族、愛する子や孫、親や兄弟が同じ目にあった時に、そんなことを加害者側が言ったら、あなたは許せるでしょうか。

本判決に関して、韓国の文在寅政権を非難する人たちもいますが、私には、そのような人たちは裁判の何たるかを全く理解していないように思われます。裁判は、訴訟手続きを通じて自らに有利な判断を獲得するべく努力をし、不利な判決であれば上訴をして覆す努力をするしかないのです。それなのにわが国政府はその努力を怠っているのですから、非難すべきはわが国政府ではないでしょうか。それすぐさまＩＣＪへ提訴すべきだという人もいます。しかしそれは、韓国の司法手続きを尊重し、応訴活動を尽くし、それでもわが国政府の考えが通らなかった場合に初めて検討されるべきことではないでしょうか。

求められるのは正義、公正及び道義に裏づけられた国家実践です。

菅首相は、２０２1年1月8日午後、首相官邸で記者団に対して、「国際法上、主権国家は他国の裁判権には服さないのが決まりだ。そういう中で、この訴訟は却下されるべきだと考えている」と述べました。しかしそんな単純なことではないことは、既に述べたとおりです。菅首相は、国内問題でも、たとえば学術会議会員の任命を拒否した件に関して、会員選考が会員・連携会員の意向に従ってなされており既得権化しているとか、学術会議は閉鎖的であり、会員構成がバランスを欠いている、などと述べている如く、何の論拠もなく断定し、他に責任を押し付ける傾向があります。国内問題でもそのようなことは許されませんが、外交・国際問題ではなおのことです。このような不用意な発言は、日韓の溝を深め、裂け目を拡大するばかりでしょう。

4　わが国政府は本判決にどう対応するべきであったか

外務省ホームページには、２０２１年1月9日、「報道発表」として「日韓外相電話会談」の要旨が掲載されました。以下のとおりです。

1月9日午前8時20分頃（日本時間）（ブラジル時間同8日午後8時20分頃）から約20分間、ブラジル滞在中の茂木敏充外務大臣は、康京和《カンギョンファ》韓国外交部長官と日韓外相電話会談を実施しました。

茂木大臣から、元慰安婦等が日本国政府に対して提起した韓国ソウル中央地方裁判所における訴訟において、ソウル中央地方裁判所が、国際法上の主権免除の原則を否定し、原告の訴えを認める判決を出したことは、極めて遺憾であり、わが国政府として本判決は断じて受け入れられない旨強く抗議を行いました。

また、茂木大臣から、慰安婦問題を含め、日韓間の財産・請求権の問題は、１９６５年の日韓請求権・経済協力協定で完全かつ最終的に解決済みであり、また、慰安婦問題については、２０１５年の日韓合意において「最終的かつ不可逆的な解決」が日韓両政府の間で確認されている旨指摘した上で、韓国政府に対して国際法違反を是正するために適切な措置を早急に講じることを強く求めました。

わが国政府は、本判決は、主権免除の原則、日韓請求権協定に違反する国際法違反の判決だから是正措置を講じよ、と韓国の行政府に司法府の判断を是正する措置をとれと要求したのです。

これはおかしいと思いませんか？　韓国憲法でも日本と同じように三権分立が定められており、行政府が司法府に介入することは許されません。

このような要求をするわが国政府は、韓国を一人前の主権国家と見ていないのではないでしょうか。そうした韓国蔑視の姿勢は、この訴訟を完全に無視し、訴状の受け取りさえ拒んだことにも表れています。日本政府は、判決書の受け取りも拒みました。

嫌韓ムードの中、わが国政府の訴訟無視、判決後の抗議の姿勢に拍手喝采をしている人も多いようですが、私に言わせれば、これはまことに子どもじみたふるまいです。

かつて朴槿恵政権下で、徴用工訴訟（新日鐵住金〔＝現日本製鉄〕事件）に関して、韓国大法院の大法官らが、韓国政府の意向を受けて審理を遅らせ、元徴用工の請求を斥ける判決を出すことを画策していたことが判明し、韓国国内で大問題になりました。この画策は、２０１７年３月10日、韓国憲法裁判所の朴槿恵大統領弾劾審判決定によって未遂に終わり、前記の徴用工訴訟は結局、２０１８年10月30日、元徴用工勝訴の大法院判決が下されるに至ったのでした。

この司法介入事件については、２０１９年１月に大法院前院長が逮捕され、２月11日には、前大法院長及び司法行政事務を所掌する２人の前大法官の計３名が職権乱用罪で起訴され、公判に付される事態に発展しました。司法への干渉・介入を求めると、このような事態を引きおこすのです。

第二次大戦中のドイツ軍の蛮行による被害者が、イタリアの裁判所に被害救済を求めて訴えた事件（フェリーニ事件）では、ドイツは応訴し、主権免除を主張して争いましたし、ギリシアの裁判所に訴えた事件（ディストモ事件）では、ドイツは一審こそわが国政府と同様の対応をしましたが、敗訴判決後は、上訴して主権免除を主張して争いました。いずれの訴訟でも最終的にドイツは敗訴した後に、国際司法裁判所おいて堂々と争うことができたのです（フェリーニ事件でドイツがイタリアを提訴。ディストモ事件では既に提訴されていたフェリーニ事件にギリシアが利害関係人として参加）。

一方わが国政府は、訴訟を無視し続け、韓国の統治機構・三権分立を侵害する要求をつきつけるなどという信じがたい行動をとりました。これは大国主義、優越国家意識丸出しの姿勢であると批判されるべきです。わが国政府はまずこの姿勢を改めるべきです。そうしなければ韓国国民を侮辱し、回復しがたいほどに日韓関係の裂け目を押し広げることになるでしょう。

わが国政府もせめて、控訴の手続きをとるべきでした。そして、主張も尽くすべきでした。争いつつ、対話を尽くすべきだったのです。万一、そうした努力を尽くしても日本国が敗訴した場合、そこではじめて国際司法裁判所への提訴が浮上することになり、もし提訴することを決定した場合、韓国政府の同意も得られる可能性が生じるのです。

わが国政府がしかるべき努力をすることなくＩＣＪへ提訴したとしても、韓国政府が同意することはあり得ないでしょう。もし同意したら、そんな政府は、朴槿恵政権同様に国民から糾弾され、打倒の対象になってしまうからです。

◉参考　ＩＣＪへの提訴

国際司法裁判所規程第36条2項の選択条項（義務的管轄権）受諾宣言により、裁判への応訴義務が生じるが、韓国はこの宣言をしていない。

外務省ホームページを見ると、２０２１年1月23日付の外務大臣談話が掲載されています。その第1項で、「元慰安婦等が日本国政府に対して提起した訴訟において、本年1月8日、ソウル中央方裁判所が、国際法上の主権免除の原則の適用を否定し、日本国政府に対し、原告への損害賠償の支払等を命じる判決を出し、本23日、同判決が確定しました。」と、ごくごく事務的な言葉が綴られています。残念と言うほかありません。

談話の第2項以下には、主権免除の原則を否定したことは国際法違反であること、慰安婦問題は１９６５年の日韓請求権協定により解決済みであり、２０１５年の日韓合意で「最終的かつ不可逆的な解決」が両国政府間で確認されており、本判決は、国際法及び両国間合意に反すること、韓国政府は国際法違反を是正するための適切な措置を講じるべきこと、とこれまでどおりの主張が繰り返されています。なんともやるせない思いに駆られます。

第２章　慰安婦問題は本当に日韓請求権協定で解決済みか

１　戦後処理の枠組みと個人の権利

本判決後のわが国のマスコミの論調を見ると、「国際慣習法である主権免除の原則を無視した不当な判決だ」、「日韓請求権協定で解決済みであり協定違反の不当判決だ」、「韓国政府に善処を求める」というものが主流で、政府のとった対応と軌を一にしています。

報道によれば、立憲民主党の泉健太政調会長も、本判決の当日、国会内で記者団の取材に、「全く受け入れられない」と強調し、２０１５年の日韓政府間の合意をあげ、「日韓両政府が努力をしてたどり着いた合意の原則を崩し、日韓関係の悪化につながる判断（判決）は承服しかねる」と語りました。同政調会長は、その直後、ツイッターに、毎日新聞の本判決を報じる記事を引用して「この韓国での日本政府への判決は不当！　先ほど立憲民主党政調会長として、記者会見で『２０１５年末の日韓合意にも反し、日韓関係の悪化を招く。』と答えました。日韓請求権協定も、主権免除の原則も守れないような韓国司法は論外です。」との投稿をしています。これらの発言は、そのタイミングからして判決書も読まずになされたものであることは明白で、慎重さを欠いたものであったと言わねばなりません。いささか嫌韓世論におもねったのかもしれません。

政府も国民も、立憲民主党の政調会長も、判決まで読み込んで発言することが無理だとしても、これまで述べたように国際慣習法である主権免除の原則は絶対的なものではなく、ＩＣＪが最新の判断を示したイタリア対ドイツ事件の２０１２年2月判決によっても、いまだ確たるものとは言えず、流動的な状況であったことは少し調べればわかった筈ですから、主権免除の原則を無視した不当な判決だというのは一面的な決めつけであったとの批判は免れません。

本章では、本判決に対する「１９６5年の日韓請求権協定で解決済みで、協定違反の不当判決だ」という批判について検討したいと思います。

アジア・太平洋戦争が日本の降伏で終結した後、連合国側の対日戦争賠償指針は非常に厳しいものでした。それは、アメリカの「降伏後ニ於ケル米国ノ初期ノ対日方針」（１９４5年9月６日、同月22日一部改訂）に示されていますが、その基本的な考え方は、次に示すように、日本の在外資産の没収、日本国内の侵略戦争を支えた重化学工業と軍需産業の徹底解体及びそれらの資本財と生産物をもって戦争賠償の原資とするというものでした。

①日本国ノ保有スベキ領域外ニ在ル日本国財産ヲ関係聯合国当局ノ決定ニ従ヒ引渡スコト

②平和的日本経済又ハ占領軍ニ対スル補給ノ為必要ナラザル物資又ハ現存資本設備及施設ヲ引渡スコト

これはドイツで進められつつあったモーゲンソー・プラン（この計画は、ルールとザールという工業地帯から戦争を起こす産業を除去するためのもので、ドイツを「農業と田園の国」に変えることが期待されました）と同じ趣旨のもので、日本に極めて厳格な賠償責任を負わせようとするものでした。ところが、冷戦が始まると、アメリカの対独、対日賠償方針はガラリと変わりました。

イタリアに始まり、ブルガリア、ルーマニア、ハンガリー等の東欧の枢軸諸国を経て、ドイツ、日本へと、第二次世界大戦後の占領体制の在り方をめぐる米英ソの連合国主要国間のヘゲモニー争いは、次第に米ソののっぴきならぬ対立となっていきました。１９４６年２月には、駐ソ代理大使としてモスクワに赴任していたジョージ・Ｆ・ケナンが、「ソ連封じ込め」を説く異例の長文の電文をワシントンに送りました。これはアメリカ政府高官の間で回し読みされ、大きな影響力を与えたとされています。これ以後、アメリカのソ連対決路線が鮮明になったのです。

１９４７年１月、バーンズに代わって長らく陸軍参謀総長を務めてきたマーシャルが国務長官に就任すると、彼は早々に国務省に政策企画室を新設して、その室長にケナンを迎えるなど、彼を重用しました。これ以後、アメリカのソ連封じ込め政策は本格化します。いわゆるトルーマン・ドクトリン――ギリシア・トルコが共産主義の脅威にさらされていると認定して支援するといった共産主義封じ込め政策――が、連邦議会での特別教書演説で宣言されたのは同年３月のことでした。

こうした冷戦の進行と符節を合わせるように、ドイツと日本においても、アメリカは戦後処理の考え方を抜本的に改めました。徹底的な産業基盤の解体から、経済復興と産業育成によってドイツをヨーロッパの、日本を東アジアの、それぞれ地域統合の核とするという構想に転換したのです。

日本はかくして、「東アジアの工場」としての役割を与えられました。１９５０年６月に勃発した朝鮮戦争は、新たな役割を担った日本がデビューする舞台となりました。日本は国連軍という名のアメリカ軍の出撃基地・兵站基地となっただけではなく、日本の産業は朝鮮戦争を支える兵器廠としてフル稼働したのです。

アメリカのジョン・Ｆ・ダレス国務長官特別補佐官が対日講和７原則を策定し、呈示したのは、同年11月のことでした。その第６項は以下のとおりです。

すべての当事国は、１９４５年９月２日以前の戦争行為から生じた請求権を放棄する。ただし、（ａ）連合国がそれぞれの領土内において日本人の財産を一般的に取り押えている場合、および（ｂ）日本が連合諸国〔の人々〕の財産を返還する場合、あるいは原状に戻すことができない場合に損害額に関する協定で合意された一定の比率を円で補償する場合は、除くものとする。

すべての連合国は戦争賠償請求権を原則として放棄するということが明確に示されています。このようなアメリカの仕切りによって、サンフランシスコ平和条約の戦後処理の枠組みが作られていきました。日本は、それによって戦争賠償を大勉強してもらったわけですから、アメリカは足を向けて寝ることのできない大恩人だということになります。

では、連合国による戦後処理の枠組みの中で、韓国はどのように位置づけられたのでしょうか。

韓国は、日本による侵略戦争・植民地支配により甚大な被害を被ったと主張し（米軍政下にあった１９４７年当時、南朝鮮過渡政府がまとめた対日賠償要求調書によると、１９４５年８月15日時点のレートで換算した被害額は約25億ドルとされています）、連合国の一員としてサンフランシスコ平和条約締結のための講和会議に参加することを求めたのですが、対日参戦をしていないとの理由で連合国の一員ではないとされ、参加が認められませんでした。

そのため、韓国はサンフランシスコ条約に法的に拘束されることはないはずなのですが、実際には、日本が連合国に約束した同条約第４条（ａ）に事実上拘束されることになりました。

◉参考

サンフランシスコ平和条約第４条（ａ）は、旧植民地等に関する処理を定めている。

「……日本国及びその国民の財産、これらの地域を統治する当局及びその住民に対する請求権、並びにこれらの地域を統治する当局及びその住民の日本国及びその国民に対する請求権の処理は、日本国とこれらの当局との間の特別取極の主題とする。」


この条項でいう「特別取極」は、植民地適法論の上に立って、植民地が分離・独立する際の債権債務その他の財産関係の清算をするための取り決めであって、侵略戦争は勿論、植民地支配に基づく損害賠償請求権はその対象にならないとされました。植民地朝鮮は適法に成立し、日本の植民地支配は合法だという大前提がかまされていたのです。その点では、植民地を有する帝国主義国家が主体となっている連合国と日本は、利害を共通にしていました。日韓請求権協定は、このようなサンフランシスコ平和条約の枠組みの中で締結されたものでしたから、韓国側が侵略戦争と植民地支配による国家あるいは個々人の損害の賠償を求めることは、ハナから封殺されていたのです。

本判決は、この点に関し、次のように述べています。

①原告らは被告に対して未払賃金や補償金を請求しているのではなく、日本帝国の韓半島に対する不法な植民地支配および侵略戦争の遂行と直結した反人道的不法行為を前提として慰謝料を請求している。

②請求権協定の締結経緯とその前後の事情によれば、請求権協定は日本帝国の不法な植民地支配に対する賠償を請求するための協商ではなく基本的にサンフランシスコ条約第4条に基づく韓日両国間の財政的・民事的債権債務関係を政治的合意により解決するためのものであったと判断される。

③請求権協定第1条により被告が大韓民国政府に支給した経済協力金が第2条による権利問題の解決と法的な対価関係があると言えるかも明らかでない。

④請求権協定の交渉過程で被告は日本帝国の植民地支配の不法性を認めないまま、「慰安婦」被害者らに対する法的な賠償を根本的に否定し、このため韓日両国の政府は日本帝国の韓半島支配の性格について合意できなかった。このような状況で「慰安婦」被害者らの慰謝料請求権が請求権協定の適用対象に含まれたとは言いがたい。

このように日韓請求権協定で合意した範囲を限定する法的見地は、２０１８年10月30日の新日鐵住金事件をはじめとする徴用工に関する過去の三つの大法院判決で、韓国司法府においては確固たるものとなっていると言ってよいと思います。

◉参考　徴用工に関する過去の三つの大法院判決

①２０１２年５月24日・新日鐵事件差戻し判決
②２０１８年10月30日・新日鐵住金事件判決
（①の判決後の２０１２年10月１日、新日鐵は住金を吸収合併して新日鐵住金となった）
③２０１８年11月29日・三菱重工事件判決

２００５年８月、韓国政府関係者、民間の研究者および被害者団体の代表からなる「韓日会談文書公開の善後策に関する民官共同委員会」は、日韓請求権協定は「請求権協定は日本の植民地支配賠償を請求するための協定ではなく、サンフランシスコ条約４条に基づき韓日両国間の財政的・民事的債権・債務関係を解決するためのものであり、日本軍慰安婦問題等、日本政府と軍隊等の日本国家権力が関与した反人道的不法行為については請求権協定で解決されたものとみることはできず、日本政府の法的責任が残っており、サハリン同胞問題と原爆被害者問題も請求権協定の対象に含まれなかった」との見解を示しました（もっとも、徴用工など強制動員被害者に対する損害賠償については請求権協定に「総合的に勘案された」とのややあいまいな見解が示されています）。これが韓国政府見解となっており、右記の法的見地は、司法府のみならず行政府にも共有されています。

慰安婦問題は日韓請求権協定で解決済みだと主張する人たちには、サンフランシスコ平和条約の成立史と日韓請求権協定の成り立ちをきちんとおさえて頂きたいと思います。本来負担すべき戦争責任を負わず、本来償うべき朝鮮半島に対する侵略と植民地支配の賠償責任についても先進国の談合により認めないという枠組みが設けられ、そのもとで進められ締結された日韓請求権協定をタテに解決済みだと叫ぶことに、私は、モラル的にたじろがざるを得ません。

2　オランダのケースから

こうして韓国は、サンフランシスコ平和条約締結のための講和会議への参加を拒まれたことで、日本との戦後処理について、単に植民地が独立する際の債権債務その他の財産権の清算のための「特別取極」をなしうるに過ぎず、朝鮮半島侵略と植民地支配に関わる国家及び国民の対日賠償請求ができない状況に追い込まれました。一方連合国は、講和会議において、これらの問題について国家の威信をかけた主張をすることができました。

もう少し、サンフランシスコ平和条約の成立史の一コマを見ておきましょう。

１９４２年、日本軍は蘭印（オランダ領東インド・現インドネシア）に侵攻、占領し、オランダ人の将兵を捕虜として捕虜収容所に、民間人を軍抑留所に、それぞれ収容・拘禁しました（捕虜は約９

万９０００人、被抑留者約８万人）。日本軍は、捕虜、被抑留者を、非衛生的な状態に置き、水や食糧を十分に与えず、炎暑の中の過酷な土木作業を強い、長距離行軍に駆り立て、多くの人を衰弱、病気、事故で死亡させました。日本軍は、逃亡したり、反抗的姿勢をとったりした者に対して何らの手続きもとらず、体罰を加え、果ては処刑したりし、病者や落伍者を容赦なく殺害しました。また日本軍は、多数の女性の被抑留者に慰安婦になることを強制しました。オランダ人元捕虜・慰安婦損害賠償請求事件に関する東京地裁１９９８年11月30日判決は、高校を卒業したばかりで慰安婦になることを強制された女性の被害状況を詳細に認定しています。

ですから戦後、オランダが日本の戦争犯罪を厳しく追及する姿勢をとったのは当然のことでした。この姿勢は、サンフランシスコ講和会議でも示されました。

オランダは、講和会議においてサンフランシスコ平和条約14条（ｂ）について無条件で合意せず、異議をとどめました。

オランダ全権委員スティッカー外相から日本側全権委員吉田茂首相にあてた、一通の書簡が残されています（１９５１年９月７日付オランダ外務大臣から日本国総理大臣に宛てた書簡）。そこには以下のように記載されています。

――書簡をもって啓上いたします。本大臣は、本大臣が昨日平和会議の議長及び諸所代表に対して行った演説の次の節にについて閣下の注意を喚起したいと思います。

「連合国が放棄することに同意する『連合国及びその国民の請求権』について、第14条（ｂ）

の解釈に関し、一つの問題が生じています。

オランダ政府の見解によれば、第14条（b）の規定は、正しい解釈では、各連合国政府がその国民の私的請求権を、これらの請求権が条約の効力発生後は存在しなくなるように、収用することは含まないのであります。

この問題は、オランダ政府も含めて若干の政府がその国民の私有財産を没収し又は収用することについて憲法その他の法律上の若干の制限を受けているために、重大であります。また、わが国政府が良心又は賢明な方策の問題として自ら選ぶ方法によって自発的に処理することを欲するかもしれないとわれわれが推測する連合国民のある種の私的請求権が存します。」

閣下がこの会議の終了前にこの問題に関する閣下の見解を本大臣に通報されれば幸いでありま す。（以下略）――


サンフランシスコ平和条約第14条（b）では、あくまで国家として請求権を放棄するのであり、国民個々人の請求権は消滅するものではないことを注意喚起し、良心又は賢明な方策として、わが国政府が自発的な処理をすることを求める、と言うのです。

◉参考

サンフランシスコ平和条約第14条（b）は次のように定める。

「連合国は、連合国のすべての賠償請求権、戦争の遂行中に日本国及びその国民がとつた行動から生……じた連合国及びその国民の他の請求権並びに占領の直接軍事費に関する連合国の請求権を放棄する。」

これに対して吉田首相は、翌8日、以下のように回答しました（1951年9月8日付日本国総理大臣からオランダ外務大臣にあてた書簡）。

――（冒頭略）。オランダ政府が言及されている憲法上の制限にかんがみ、わが国政府は、オランダ政府が平和条約の署名によってその国民の私的請求権を、条約の効力発生後は存在しなくなる結果をもたらすように、みずから収用するものであるとは思料しません。

もっとも、わが国政府は、連合国民がそれらの請求権に関してはこの条約の下においては満足を得ることができなくなるものであること、ただし、オランダ政府が示唆されるとおり、日本国政府が自発的に処理することを欲するかもしれない連合国民のある種の私的請求権が存することを指摘します。（以下略）――

なるほど、外交文書とはかくあるべしというお手本のようです。サンフランシスコ平和条約14条（b）に関するオランダ政府の異議をやんわりと否定し、「連合国民のある種の私的請求権」について日本国政府が自発的に処理することを仄めかしているのです。

オランダ政府は、それを可として、条約に調印をしました。

その後、1956年3月、わが国政府とオランダ政府は、「オランダ国民のある種の私的請求権に関する問題の解決に関する日蘭議定書」を締結しました。それによると、日本は「オランダ国民に与えた苦痛に対する同情と遺憾の意を表明するため」、1000万ドルを「見舞金」として「自発的」に提供することが定められ、あわせてオランダ政府は、日本国政府に対しこれ以上の如何なる請求もしないことを宣言しました。

1000万ドル、すなわち36億円は、当時の国家予算が約1兆2000億円であったことを考えると、決して、はした金ではないでしょう。

しかし、オランダの慰安婦問題はこれで解決済みとなったわけではありません。1995年に設立された「アジア女性基金」の事業により、1998年7月、79名の元慰安婦を対象として総額2億5500万円が支払われました。さらに2007年11月、オランダ下院において、慰安婦問題謝罪要求決議がなされるなど、オランダ国民は、依然として日本の責任を問い続けています。

オランダの場合は、サンフランシスコ平和条約に参加し、戦争賠償請求権を放棄したにもかかわらず、国民個々人の請求権は消滅しないことを示唆したことにより、1956年3月、「オランダ国民に与えた苦痛に対する同情と遺憾の意を表明するため」の「見舞金」1000万ドルをわが国政府に支払わせ、その際に、今後何ら請求をしないことを確認したにもかかわらず右記のような状況が続いています。戦争犯罪・非人道的行為の被害者は決して引き下がってはいません。

そのことを考えるならば、わが国政府は、朝鮮侵略と植民地支配について明確に謝罪することもなく（それどころか調印直前の1965年1月、わが国政府主席代表に就任した高杉晋一は、植民地支配は善意でやった、いいことだったなどとさえ発言しています）、「財産及び請求権に関する問題の解決並びに経済協力」のために無償３億ドル相当の「日本製品及び日本人の役務」を供与する、２億ドルの借款を「日本製品及び日本人の役務」を調達する資金として供与する、ということを取り決めたに過ぎない日韓請求権協定で解決済みだと、本当に胸を張れるのでしょうか。

日韓請求権協定により、わが国は５億ドルものお金を韓国に支払ったのだから十分な補償をしていると主張する人がいますが、それは完全な誤解です。実際は右記のとおりで、「日本製品及び日本人の役務」の提供やその購入資金の貸し付けということだったのです。ここにいう「日本人の役務」とは、たとえば工場プラントを輸出する際に技術指導員を派遣することなどを言います。要するにこの取り決めは、日本企業の韓国進出を押し進めようとした心にくい深謀遠慮、転んでもただでは起きないという諺がありますが、まさにそれを地でいくものだったということになります。

日韓国交正常化後、日本の経済界は時ならぬ特需に沸き立ち、「日韓経済協力」ブームとなりました。無償３億ドル分の日本製品と日本人の役務の提供、それらの購入資金としての有償２億ドルの借款供与が文字通り呼び水となり、民間商業借款を巻き込み、日本企業の韓国進出ラッシュとなりました。第一に韓国基幹産業へのプラント輸出、第二にプラント輸出の前提としての韓国企業への現金供給（借款その他）、第三に技術提携（技術指導）、第四に合弁企業への直接投資。それらによって韓国産業を日本企業の傘下におさめ系列化していきました。こうして日本の経済界が潤い、日本の高度経済成長の一つの要因になったのです。

しかし同時に、それらは韓国政財界への不正な資金供与による汚職・腐敗をともなうもので、韓国の政治・経済を歪める原因ともなったことも見ておく必要があるでしょう。

次に紹介するのは、そのころの一エピソードです。1966年9月、わが国の巨大商社・三井物産が、「三星財閥」系列の「韓国肥料」へ工場プラントを輸出する案件に関連して、資金供与の目的で、韓国内で高値取引できるサッカリンの原料を建設用資材セメントと偽って密輸したことが発覚し、韓国国内で大問題となりました。同月22日、韓国国会で、金斗漢《キムドゥハン》議員は、密輸物件の現物だと称して、20リットル入りブリキ缶を持参して登壇しました。金議員は、登壇するや、やおら、演壇横の閣僚席に向かって、「不義と不正を合理化してくれた長官たちを審判する。これは国民の贈物だ」と言いざま、ブリキ缶の内容物を閣僚たちの頭の上から浴びせかけました。その内容物とは、なんと三一独立運動発祥の地とされ、同運動を記念するパゴダ公園（現タプコル公園）の公衆便所から汲み取った糞尿だったとのことでした。

このような前代未聞の国会糞尿譚に、なんと下品なことかと眉を顰《ひそ》める人もいるかもしれません。しかしこの事件に、旧大日本帝国の植民地支配に目をつぶって私利私欲に走り、私腹を肥やした日韓基本条約・日韓請求権協定締結当時の軍事独裁政権さながらの政府及び政府高官や韓国財界、それとグルになって植民地支配の免責を図った日本政府及び日本財界に対する韓国民衆の怒りを見ることは、果たして不当なことでしょうか。

民衆の怒りは、えてしてこういう形で噴出するものです。わが国でも、戦後労働運動が燃えさかった頃、労働者の怒りは、重役室などに汚物をまき散らすという形であらわされたことがしばしばありました。

いささか脱線しましたが、日韓請求権協定で日韓の補償問題は全て解決済みだなどと言うのはおこがましいことを、胸に刻み込んで頂きたいと思います。

３「外交保護権のみ放棄論」

サンフランシスコ平和条約締結過程のオランダ政府との交換公文のやりとりを紹介しました。これを読んでピンときた人もおられるでしょう。これは「外交保護権のみ放棄論」の鞘《さや》当てではないか、と。

オランダ政府は、サンフランシスコ平和条約第14条（b）に定める「連合国は、連合国のすべての賠償請求権、戦争の遂行中に日本国及びその国民がとった行動から生じた連合国及びその国民の他の請求権並びに占領の直接軍事費に関する連合国の請求権を放棄する。」とは、主権国家の持つ外交保護権のみを放棄するのであって、国民個々人の請求権までも失わせるものではない、と婉曲に述べているようです。

これに対し、わが国政府は、いや、そうではない、「連合国民がそれらの請求権に関してはこの条約の下においては満足を得ることができなくなるものである」と述べ、ただ、この条約で満足を得られないことになるある種の請求権について日本国政府は自発的に処理することを考慮することもあるでしょうと、仄めかしているのです。

◉参考　外交保護権

伝統的な国際法の原則論においては、個人は国際法上の主体となりえず、その属する国家が外交上その権利・利益の実現をめざすことになると考えられてきた。そのような国家の権能を外交保護権という（田畑茂二郎『国際法Ⅰ』（法律学全集）有斐閣、155〜156頁参照）。かつては外交保護権の行きつく先は武力行使・戦争であると考えられていた。

私はこのやりとりに、ある種の感慨を覚えます。それは、ほかならぬわが国政府が、このやりとりの直後に「外交保護権のみ放棄論」に転向し、サンフランシスコ平和条約と、この枠組みの下で締結された二国間の合意による請求権放棄条項に関して「外交保護権のみ放棄論」を説いて回ることになったからです。

「外交保護権のみ放棄論」というと、少し慰安婦問題に関心のある方は、次の1991年8月27日参議院予算委員会における清水澄子社会党参議院議員と柳井俊二外務省条約局長のやりとりをすぐ思い浮かべられるでしょう。

清水澄子君　そこで、今おっしゃいましたように、政府間は円滑である、それでは民間の間でも円滑でなければならないと思いますが、これまで請求権は解決済みとされてまいりましたが、今後も民間の請求権は一切認めない方針を貫くおつもりでございますか。

――（中略）――

政府委員（柳井俊二君） ただいまアジア局長から御答弁申し上げたことに尽きると思いますけれども、あえて私の方から若干補足させていただきますと、先生御承知のとおり、いわゆる日韓請求権協定におきまして両国間の請求権の問題は最終かつ完全に解決したわけでございます。

その意味するところでございますが、日韓両国間において存在しておりましたそれぞれの国民の請求権を含めて解決したということでございますけれども、これは日韓両国が国家として持っております外交保護権を相互に放棄したということでございます。したがいまして、いわゆる個人の請求権そのものを国内法的な意味で消滅させたというものではございません。日韓両国間で政府としてこれを外交保護権の行使として取り上げることはできない、こういう意味でございます。

これは慰安婦問題に関連した日韓請求権協定に関するやりとりです。

少なくともこの当時は、わが国政府は、「外交保護権のみ放棄論」を、当該被害者が自ら普通に加害国の裁判所に訴訟を提起し、その請求権の実現を図るのは、何らさしつかえないという意味で使っていました。そのことを端的に示すのが、同じ年の12月13日参議院予算委員会における共産党上田耕一郎参議院議員と柳井条約局長の以下のやりとりです。少し長いですが、今は亡きあの談論風発の人、あふれんばかりの知性をたたえた上田氏の風貌を思い浮かべながら、読んでみて下さい。

上田耕一郎君 昨日も従軍慰安婦問題、非常に心の痛む問題がここでも清水議員から出されました。

加藤官房長官にお伺いしますが、調査するということです。今日の新聞には、この間東京地裁に提訴された御本人の金さんの非常につらい話が、載っています。15歳のときにぶん殴られて拉致された、中国の前戦基地に着いた日から将校の相手、慰安婦5人に兵隊約300人、一日に何十人もやってきて本当に地獄の日々だったと、青春を返せと言われているんですね。新聞によれば、10万人から20万人という数字さえ出されている。もし加藤官房長官が調査されて政府、国の責任が明らかになった際、何らかの補償を考えますか。

政府委員（柳井俊二君）　官房長官からお答えがある前に私の方から、これまでのいわゆる請求権の処理の状況につきまして簡単に整理した形で御答弁申し上げたいと存じます。

御承知のように、昭和40年の日韓請求権・経済協力協定の2条1項におきましては、日韓両国及び両国国民間の財産・請求権の問題が完全かつ最終的に解決したことを確認しておりまして、またその第3項におきましては、いわゆる請求権放棄についても規定しているわけでございます。これらの規定は、両国国民間の財産・請求権問題につきましては、日韓両国が国家として有している外交保護権を相互に放棄したことを確認するものでございまして、いわゆる個人の財産・請求権そのものを国内法的な意味で消滅させるものではないということは今までも御答弁申し上げたとおりでございます。これはいわゆる条約上の処理の問題でございます。

――（中略）――

他方、日韓の協定におきましては、その2条3項におきまして、一方の締約国及びその国民の財産、権利及び利益であって同協定の署名の日に他方の締約国の管轄のもとにあるものに対してとられる措置につきましては、今後いかなる主張もなし得ないというふうに規定しております。この規定を受けまして、我が国は、韓国及び韓国国民のこのような財産、権利及び利益、これはいわゆる法律上の根拠ある実体的権利であるというふうに両国間で了解されておりますが、そのようなものにつきまして国内法を制定いたしまして処理したわけでございます。その法律におきましては、韓国または韓国国民の日本国または日本国国民に対する一定の財産権を消滅させる措置をとっているわけでございます。

なお、いわゆる請求権という用語はいろいろな条約でいろいろな意味に使われておりますが、この日韓の請求権・経済協力協定における請求権と申しますものは、実体的な権利でない、いわゆるクレームとよく言っておりますが、そのようなクレームを提起する地位を意味するものでございますので、当時国内法で特に処理する問題がなくしたがって国内法を制定することはしなかったわけでございます。ただ、これはいわゆる請求権の問題が未処理であるということではございません。

以上にかんがみまして、このようないわゆるクレームの問題に関しましては、個人がこのようなクレームについて何らかの主張をなし、あるいは裁判所に訴えを提起するということまでも妨げるものではないわけでございますが、先ほどアジア局長からも答弁申し上げましたように、国家間の問題としては外交的には取り上げることはできないということでございます。

以上が日韓間のいわゆる財産・請求権問題の処理の状況でございます。

◉参考　実体的権利とクレーム

柳井条約局長が実体的権利と言っているのは、例えば預金、賃金、国債償還請求権、動産・不動産その他無体財産権など所定の法律により存在が確定している権利のこと。それに対しクレームとは、その発生及び額について争いがあり、当事者の話し合いが整わない時は裁判によって確定すべき請求権。慰安婦や徴用工の慰謝料請求権はこれである。その正しい意味を知らず、単なる苦情や文句と取り違えて頓珍漢なことを言っている人がいる。

4　日本国政府による「外交保護権のみ放棄論」の使いまわし

敗戦後、朝鮮、台湾、関東州、南洋群島などから引き揚げてきた日本人らは、1946年11月、「社団法人引揚者団体全国連合会」（以下、「引揚全連」とする）を設立し、旧領土にある日本国民の私有財産、とりわけ朝鮮にある日本人私有財産の補償を求める運動を展開し始めました。

朝鮮半島38度線以南を占領し、軍政下においていたアメリカ軍政庁が、1945年12月、軍令第33号により、軍政下にある領域内にある日本国及び日本人の財産、権利を取得・所有すると宣言したことが、そうした要求の動因となったのでしょう（なお、その後アメリカ軍政庁は、1948年9月、収用した日本財産の残余すべてを韓国に譲渡しました）。

その後どうなったか、駆け足でたどってみましょう。

ここで問題になったのは、サンフランシスコ平和条約第4条（b）、第19条（a）です。

◉**参考**

サンフランシスコ平和条約第４条（b）、第19条（a）は以下のように定める。

第４条（b） 日本国は、第２条及び第３条に掲げる地域（注：旧植民地等）のいずれかにある合衆国軍政府により、又はその指令に従って行われた日本国及びその国民の財産の処理の効力を承認する。

第19条（a） 日本国は、戦争から生じ、又は戦争状態が存在したためにとられた行動から生じた連合国及びその国民に対する日本国及びその国民のすべての請求権を放棄し、且つ、この条約の効力発生の前に日本国領域におけるいずれかの連合国の軍隊又は当局の存在、職務遂行又は行動から生じたすべての請求権を放棄する。

条文を読めば、特に説明しなくても趣旨はおわかりになりますね。これを受けて右記「引揚全連」は同年９月、全国大会を開き、「対日平和条約は日本国民の私有財産を尊重せず却って否定するが如き不公正を犯している」と決議、さらに翌10月22日開催の全国大会で、「１．旧領土にある日本国民の私有財産は当該所有者に返還さるべきこと、２．賠償に充当せられ返還されない在外私有財産は正当に補償されるべきこと」といった旨の決議をしました。

こうした動きを見て、わが国政府が飛びついたのが、オランダ政府とのやり取りで否定したばかりの「外交保護権のみ放棄論」だったのです。

たとえば以下のような国会答弁がなされています。

参議院平和条約及び日米安全保障条約特別委員会における大橋武夫法務総裁答弁

この在外財産に対する措置というものは、直接日本国政府がそういうふうに措置したわけではなく、所在国の政府の処置に対しまして、日本政府といたしましては、外国における国民の権利を保護しないという消極的な態度を決定しただけであるわけでございます。（1951年11月16日）

衆議院社会労働委員会における林修三法制局長官答弁

アメリカの憲法上それができるかできないかという問題だと思うわけでありまして、アメリカとしてはたとえば条約上日本がこれに対していわゆる外交的保護権と申しますか、そういうことを放棄したということを、一つの考え方のもとにして、あるいはそれ以前からでありますが、日本人の財産を実は没収したわけでございます。これはアメリカの純然たる国内法の問題で、これに対して普通なら国際的にも私有財産というものは尊重せらるべきものでございますから、日本政府といたしましては在外国民に対してのそういう不当な取扱いは困るという抗議すべき立場にあるのでございますが、それを敗戦という事実に基きましてあの条約でそういうプロテクトをするというようないわゆる在外国民保護権というものを放棄したというのが、平和条約第14条の建前であろう、私たちはそういうふうに考えております。（1957年4月10日）

日本国民からは、サンフランシスコ平和条約によって財産権、損害賠償請求権を行使できなくなったことを理由として、国家賠償法に基づく国家賠償請求もしくは憲法29条に基づく正当な補償を求める訴訟が次々と起こされました。これらの訴訟でも、被告国側の答弁（つまり政府の主張）として、判で押したように「外交保護権のみ放棄論」が展開されました。

一つだけ事例を紹介しておきましょう。

１９５７年、東京地裁に提起された「原爆下田訴訟」と呼ばれる、原爆投下を国際法違反と断じた著名な事件があります。原告らは、広島、長崎への原爆投下による爆死者の遺族や生存被爆者たちです。原告らはこう主張しました。私たちはアメリカ合衆国に対して、損害賠償請求権を有するのであるが、サンフランシスコ平和条約第19条（ａ）によりこれを放棄してしまったので、①国は条約締結という公権力の行使により原告らに違法の損害を生ぜしめたことになる（国家賠償請求法第１条）、②しからずとするも国が戦争賠償を免れるために原告らの損害賠償請求権を喪失させることは個人の財産権を公共の用に用いたことになる（憲法第29条３項）、従って国は、私たちに対し、損害賠償もしくは損失補償をする義務がある、と。

これに対し、被告国（政府）は以下のように主張しました。

①国家が個人の国際法上の賠償請求権を基礎として外国と交渉するのは国家の権利であり、この権利を国家が外国との合意によって放棄できることは疑いないが、個人がその本国政府を通じないでこれとは独立して直接に賠償を求める権利は、国家の権利とは異なるから、国家が外国との条約によってどういう約束をしようと、それによって直接これに影響は及ばない。

②従って対日平和条約第19条（ａ）にいう『日本国民の権利』は、国民自身の請求権を基礎とする日本国の賠償請求権、すなわちいわゆる外交的保護権のみを指すものと解すべきである。日本はその

国民が連合国及び連合国民に対し請求権を行使することを禁止するために、必要な立法的、行政的措置をとることを相手国との間で約束することは可能である。しかし、イタリアほか五ヶ国との平和条約に規定されているような請求権の消滅条項及びこれに対する補償条項は、対日平和条約には規定されていないから、このような個人の請求権まで放棄したものとはいえない。仮にこれを含む趣旨であると解されるとしても、それは放棄できないものを放棄したと記載しているにとどまり、国民自身の請求権はこれによって消滅しない。

この被告国の主張の中で触れられている「イタリアほか五ヶ国との平和条約」というのは、ドイツ以外のイタリア等旧枢軸国5か国が、米・英・ソ・中・仏等21か国（同盟及び連合国と呼称）との間で1947年2月10日調印した平和条約のことです。これらの平和条約では、平和条約によって、賠償問題や財産・請求権問題を完結させることを意図した条項をもうけています。たとえばイタリア対同盟及び連合国の平和条約では、①同盟及び連合国に接収され戦争賠償にあてられるイタリア国及びイタリア人の財産に関して、イタリアは一切の自然人又は法人に対し補償を与えることを約する（第74条）、②イタリアは、同盟及び連合国の占領、戦争に起因するイタリア国又はイタリア国民の請求権を放棄し、消滅させ、イタリア国民の損失を補償する、③同盟及び連合国は、イタリア国に対する自国民の一切の請求権を含め、この条約により取得するイタリア及びイタリア国民の財産等で完償するものであることを確認する（第76条）などです。こうした条項がもうけられていれば、「外交保護権のみ放棄論」は成り立ちにくいでしょう。

わが国政府は、こうした条約上の条文構成の違いも利用して日本国民による国に対する請求を、「外交保護権のみ放棄論」で排斥しようと「奮闘」してきたのです。そして、どうぞ相手国に請求してください、それはサンフランシスコ平和条約においてもダメだという取り決めをしているわけではありません、と口を酸っぱくして言いまくってきたのです。

ところが、です。日本による侵略戦争と植民地支配の下で日本国および日本企業によって引き起こされた非人道的行為による、韓国や中国などの被害者によって、１９８０年代末から日本や日本企業に対する損害賠償請求の訴訟が日本の裁判所に相次いで提起されることになって、「外交保護権のみ放棄論」は、わが国政府及び日本企業に逆風となりました。その意味はおわかりですね。サンフランシスコ平和条約、日韓請求権協定、日中共同声明等では、個人の権利・利益を実現するための外交保護権は放棄したものの、個人の請求権は別途行使することには何も影響を及ぼすものではないと言ってきたのですから。それなら、とばかりにこの理屈に乗っかって、韓国や中国の被害者から相次いで提起された訴訟では、日本政府はわが身を縛られることになったわけです。

１９９１年の柳井外務省条約局長の答弁は、そういう状況でなされたものです。ですから彼の苦しい胸の内が手に取るようにわかります。何とか胡麻化したいという思いを抱きつつも、時効や国家無答責の壁があるから裁判所は請求棄却するだろう、へたに改説しないでこのまま突っ走ろう、と。

◉**参考　国家無答責の壁**

国家無答責とは、国家の不法行為責任を認めないという法理である。戦前の絶対主義的天皇制国家では、「君主は悪をなさず」、「国家は悪をなさず」という国家本位の法思想に基づいて、官吏による違法・不当な行為により人民が損害を被っても国家は何ら不法行為責任を負うものではないという学説が支配的で、裁判所もそのような考え方に立っていた。戦前の事案に対しては、国家無答責の法理が適用されると考えられていた。

5　「されど外交保護権のみ放棄論」

わが国政府は、①国家が個人の国際法上の賠償請求権を基礎として外国と交渉するのは国家の権利であり、この権利を国家が外国との合意によって放棄できることは疑いないが、個人がその本国政府を通じないでこれとは独立して直接に賠償を求める権利は国家の権利とは異なるから、国家が外国との条約によってどういう約束をしようと、それによってなんら影響を受けない、②サンフランシスコ平和条約で、「日本国及びその国民のすべての請求権を放棄」することを取り決めたが、その趣旨は国民各自の請求権を放棄するということではなく、「国民自身の請求権を基礎とする日本国の賠償請求権、すなわちいわゆる外交的保護権」を放棄するということであり、「国民自身の請求権はこれによって消滅しない」から「裁判所に訴えを提起するということまでも妨げるものではない」などと、個別の訴訟や国会答弁でくりかえし主張してきました。

しかし、ソ連でペレストロイカが始まってわずか5年、あれほど強靭に見えたソ連・東欧圏が解体し、戦後40年にわたり世界を支配した冷戦体制が崩壊すると、冷戦体制の構築のために便宜的になされた戦後処理を問い直し、改めて第二次大戦下でなされた戦争犯罪と非人道的行為に対する被害救済を求める動きが世界各地で澎湃《ほうはい》として沸き起こり、その動きは、わが国にも押し寄せました。１９８０年代末から１９９０年代になって、戦時下の侵略戦争と植民地支配に起因する日本軍、日本企業及び日本国自身による非人道的不法行為の責任を問う戦後補償裁判が、主として韓国人もしくは中国人によって、わが国裁判所に相次いで提起されたのです。

わが国政府がこれらの裁判でとった戦術は、それら請求権に関する条約（もしくはそれに準ずる国家間合意）上の問題には触れることなく、①国家無答責と、②時効消滅（もしくは除斥期間徒過による消滅）の主張を繰り返すことでした。裁判所はその主張を鵜呑みにし、それに追随し、原告らの請求を悉く棄却し続けました。

①の国家無答責は、戦前にまかり通った国家の不法行為責任を認めないという法理ですが、戦後は一転して、日本国憲法第17条（「何人も、公務員の不法行為により、損害を受けたときは、法律の定めるところにより、国または公共団体に、その賠償を求めることができる。」）を受けて、国家賠償法が制定され（１９４７年10月27日施行）、同法第1条1項において「国または公共団体の公権力の行使に当る公務員がその職務を行うについて、故意または過失によって違法に他人に損害を加えたときは、国又は公共団体が、これを賠償する責に任ずる。」と定められました。しかしながら同法付則第

6項には「この法律施行前の行為に基づく損害については、なお従前の例による。」と定められていましたから、戦時下の事案であるこれら一連の裁判には、依然として国家無答責の法理が適用されることになったのでした。戦時下の事案であるこれら一連の裁判では、これは厳しいハードルとなりました。

②の時効消滅（もしくは除斥期間徒過による消滅）というのは、不法行為による損害賠償請求権は、2018年改正前の民法第724条により、「損害及び加害者を知った時から3年間行使しないときは、時効によって消滅する。不法行為の時から20年を経過したときも、同様とする。」と定められていたことに基づく主張です。これまた厳しいハードルとなりました。

しかし、2000年前後頃から、このハードルを乗り越える裁判例が出始めます。

その突破口を切り開いたのは、関釜裁判一審判決（1998年4月27日山口地裁下関支部）です。関釜裁判は、いずれも釜山在住の韓国人女性による集団訴訟で、原告のうち3名は元慰安婦、残り7名は元女子勤労挺身隊員でした。原告となった元慰安婦の被害事実の概要は、この判決の中で次のように認定されています。

慰安婦原告らが、いずれもその貧困のため、慰安所経営者と思われる人物の甘言に乗せられ、不任意に旧日本軍の関与する慰安所に連行され、監禁同然にして、長期間、慰安婦として旧日本軍人との性交を強要されたこと、同原告らが被った肉体的・精神的苦痛は極めて過酷なものであり、帰国後もその恥辱に苛まれ、今なお心身ともに癒すことができない苦悩のうちにあることは、前記事実問題においてみたとおりである。そしてこの従軍慰安婦制度が、原告らの主張するとおり、徹底した女性差別、民族差別思想の現われであり、女性の人格の尊厳を根底から侵し、民族の誇りを踏みにじるものであって、しかも、決して過去の問題ではなく、現在においても克服すべき根源的人権問題であることもまた明らかである。

その上で、判決は次のように述べて、被告国に法的作為義務が存続しているとして、その不履行を新たな侵害行為であると認定しました。

このような場合、法の解釈原理として、あるいは条理として、先行法益侵害に基づくその後の保護義務を右法益侵害者に課すべきことが一般に許容されている。そうであれば、日本国憲法制定前の帝国日本の国家行為によるものであっても、これと同一性のある国家である被告には、その法益侵害が真に重大である限り、被害者に対し、より以上の被害の増大をもたらさないように配慮、保証すべき条理上の法的作為義務が課されているというべきであり、特に、個人の尊重、人格の尊厳に根幹的価値をおき、かつ、帝国日本の軍国主義等に関して否定的認識と反省を有する日本国憲法制定後は、ますますその義務が重くなり、被害者に対する何らかの損害回復措置を採らねばならないはずである。

しかるに、被告は、当然従軍慰安婦制度の存在を知っていたはずであるのに、日本国憲法制定後も多年にわたって右作為義務を尽くさず、同女らを放置したままあえてその苦しみを倍加させたのであり、この不作為は、それ自体がまた同女らの人格の尊厳を傷つける新たな侵害行為となるというべきである。

判決は、次のように結論付けました。

以上によれば、慰安婦原告らは、被告に対し、国家賠償法1条1項に基づき、被告国会議員が右特別の賠償立法をなすべき義務を怠ったことによる精神的損害の賠償を求める権利があるというべきところ、その額については、将来の立法による被害回復がなされることを考慮し、各金30万円と算定するのが相当である。

原告らにとっては実にささやかで、ごくごく部分的な一部勝訴でした。しかし、国家無答責の法理をバイパスして勝ち得た貴重な勝訴であり、被告国にとっては手痛い敗訴で、驚愕を禁じ得なかったことでしょう。

劉連仁事件一審判決（2001年7月12日東京地裁）が、この判決に続きました。

劉連仁事件とは、原告・劉連仁が、1944年11月、約200名の仲間と共に中国から連行され、北海道の炭鉱である明治鉱業株式会社昭和鉱業所において、過酷な条件と厳しい監視の下で坑内労働に従事させられた後逃亡し、約13年に及ぶ逃亡生活を余儀なくされたというもので、国に対し、損害賠償請求を求めた事件です。この判決も、国家無答責の法理をバイパスして、厚生省の援護業務担当部局の職員が、逃亡後の原告を保護する一般的な作為義務を負っていたのに放置したとして、国の責任を認めたのです。判決は次のように述べています。

１９４７年10月27日に国家賠償法が施行された時点では、被告の厚生省の援護業務担当部局の職員は、原告を保護する一般的な作為義務を負っていたと認められるし、原告が強制労働の現場から逃走を余儀なくされた結果、その生命、身体の安全が確保されない事態に至っているであろうことを相当の蓋然性をもって予測できたものとも認められるから、そのような被告の厚生省の援護業務担当部局の職員の不作為は、国家賠償法1条のもとでの公務員による違法行為と評価せざるを得ないものである。そして、そのような被告の公務員の違法行為と原告が被った損害の間には相当因果関係も認められるというべきである。

さらに時効消滅（除斥期間徒過による消滅）論についても、劉連仁事件一審判決、三井鉱山事件一審判決（２００２年4月26日福岡地裁）などで、それを排斥する判決が相次ぎました。

この点について劉連仁事件一審判決は、次のように述べています。

この問題に関しては、除斥期間の規定が不法行為を巡る法律関係の速やかな確定を意図しているものであり、基本的には20年という時間の経過という一義的基準でこれを決すべきものであることは否定できないというべきである。しかしながら、このような除斥期間制度の趣旨の存在を前提としても、本件に除斥期間の適用を認めた場合、既に認定した劉連仁の被告に対する国家賠償法上の損害賠償請求権の消滅という効果を導くものであることからも明らかなとおり、本件における除斥期間の制度の適用が、いったん発生したと訴訟上認定できる権利の消滅という効果に直接結び付くものであり、しかも消滅の対象とされるのが国家賠償法上の請求権であって、その効果を受けるのが除斥期間の制度創設の主体である国であるという点も考慮すると、その適用に当たっては、国家賠償法及び民法を貫く法の大原則である正義、公平の理念を念頭に置いた検討をする必要があるというべきである。すなわち、除斥期間制度の趣旨を前提としてもなお、除斥期間制度の適用の結果が、著しく正義、公平の理念に反し、その適用を制限することが条理にもかなうと認められる場合には、除斥期間の適用を制限することができると解すべきである。

――（中略）――

被告は、自らの行った強制連行、強制労働に由来し、しかも自らが救済義務を怠った結果生じた劉連仁の13年間にわたる逃走という事態につき、自らの手でそのことを明らかにする資料を作成し、いったんは劉連仁に対する賠償要求に応じる機会があったにもかかわらず、結果的にその資料の存在を無視し、調査すら行わずに放置して、これを怠ったものと認めざるを得ないのであり、そのような被告に対し、国家制度としての除斥期間の制度を適用して、その責任を免れさせることは、劉連仁の被った被害の重大さを考慮すると、正義公平の理念に著しく反していると言わざるを得ないし、また、このような重大な被害を被った劉連仁に対し、国家として損害の賠償に応ずることは、条理にもかなうというべきである。よって、本件損害賠償請求権の行使に対する民法７２４条後段の除斥期間の適用はこれを制限するのが相当である。

三井鉱山事件とは、中国人である原告ら（15名）が、「『華人労務者移入ニ関スル件』と題する閣議決定（１９４２年11月27日）に基づき、１９４３年～１９４４年頃、日本に強制的に連行され、被告会社（三井鉱山株式会社）が経営する三池鉱業所と田川鉱業所などにおいて過酷な労働を強制された」ことを主張して三井鉱山に損害賠償請求を求めた事件です。

三井鉱山事件一審判決は、除斥期間について、本件にこれを適用することは「加害者である被告会社に本件損害賠償責任を免れさせ、ひいては、正義に反した法律関係を早期に安定させるのみの結果に帰着しかねない点を考慮すると、その適用に当たっては、正義、衡平の理念を念頭において判断する必要がある。」、「除斥期間制度の適用が、著しく正義、衡平の理念に反し、その適用を制限することが条理にもかなうと認められる場合には、除斥期間の適用を制限することができると解すべきである。」とし、被告会社のこの点に関する主張を斥けました。

これら一連の、国もしくは企業に対する判決にあたって裁判所がよりどころとしたのは、法の根底には正義・衡平や条理という理念があり、この理念により法律の条文の足らざるを補い、妥当な結論に導くべきであるという考え方でした。政府のよくやる三百代言的法解釈との決定的違いです。

こうした裁判所の動きを見て、政府は、それら請求権に関わる条約（もしくはそれに準ずる国家間合意）上の論点に立ち戻り、原告らの請求は、それら条約（もしくはそれに準ずる国家間合意）により解決済みであるとの主張をするようになりました。

しかし、日本国民が国を被告として提訴してきた裁判では「条約（もしくはそれに準ずる国家間合意）で放棄したのは外交保護権のみ、個人の請求権まで放棄していない、だからそれぞれの国の裁判所に訴えたらよろしい」と言っていたのに、外国人から訴えられた裁判では「あなた方の請求権は条約（もしくはそれに準ずる国家間合意）で放棄され、消滅している」とは、いかな二枚舌の政府でも、さすがにストレートには言えません。そこでひねり出したのが、「外交保護権のみ放棄論」の修正版でした。本書ではそれを「されど外交保護権のみ放棄論」と呼ぶことにします。

6　飛躍か後退か

わが国政府は、1951年9月、サンフランシスコ平和条約を締結し、在外資産あるいは戦争中の不法行為に基づく相手国への損害会賠償請求権を放棄しました。その結果、これを違法・不当だとして国に対して損害賠償を求め、もしくは憲法第29条に基づき適正な補償を求める日本国民の要求あるいは訴訟上の請求に対し、わが国政府は、次のような主張を繰り返してきました。

①サンフランシスコ平和条約で放棄したのは国際法上国の固有の権利として認められる外交保護権のみであり、個人の権利、請求権は放棄していない

②国民個々人は、その権利、請求権を相手国の裁判所に訴えて救済を求めることは何ら支障がない

これが、政府がつくりあげてきた「外交保護権のみ放棄論」でした。

１９８０年代末以後、日中戦争・アジア太平洋戦争と植民地支配の下で行われた日本軍、日本国および日本企業の戦争犯罪・非人道的行為に関し、主に韓国、中国の人々が、戦後処理を問い直し、あらためて被害救済を求め、次々と日本の裁判所に訴訟を起こしました。

これらの訴訟では、被告国及び政府の指導助言を受けた被告企業は、国家無答責、時効消滅（除斥期間徒過による消滅）の主張を繰り返し、連戦連勝の快進撃でした。

一方政府は、国会等ではあいもかわらず右記の「外交保護権のみ放棄論」を説いていました。しかし、２０００年前後ころから、この伝家の宝刀がなまってきてしまいました。そこで政府がとびついたのが、国家及び国民の請求権を放棄したサンフランシスコ平和条約やそのもとでの国家間取り決めの条項でした。とはいえ政府は、これらの条項の趣旨を「外交保護権のみ放棄論」で説明をしてきましたので、そのままでは使えません。そこで力を発揮したのが、赫々たる戦果をあげてきたわが国政府お得意の、三百代言的論法です。

その典型的な例を、富山地裁で争われていた不二越第二次訴訟において、被告国が提出した２００５年３月28日付準備書面に見ることができます。

◉不二越第二次訴訟

不二越第二次訴訟とは、韓国人たる原告ら28名による集団訴訟で、うち27名は13～14歳のときに、

「不二越に行けば金も稼げる、女学校にも行ける」などと言われて勤労挺身隊に応募し、残る1名は徴用により連行され、いずれも富山の不二越で、行動の自由が制限され、危険な重労働に従事させられ、食事も十分に供与されず、女学校に行くどころか、給料も支給されなかったと訴えた。

同準備書面で述べられた20頁に及ぶ関連主張を要約すると以下のとおりです。

「……サンフランシスコ平和条約14条（b）にいう『請求権の放棄』とは、日本国及び日本国民が、連合国国民による国内法上の権利に基づく請求に応ずる法律上の義務が消滅したとして、これを拒絶することができる旨定められたものと解すべきである。……（このことは）日韓請求権協定2条ついても妥当する……。

（1965年11月5日衆議院日韓特別委員会における椎名悦三郎外相答弁『個人の請求権を放棄したという表現は、私は適切でないと思います。高辻法制局長官が言ったように、政府がこれを一たん握って、そしてそれを放棄した、こういうのではないのでありまして、あくまで政府が在韓請求権というものに対して外交保護権を放棄した、その結果、個人の請求権というものを主張しても向こうが取り上げない、その取り上げないという状態をいかんともできない、結論において救済することができない、こういうことになるのでありまして、私がもしそれを放棄したというような表現を使ったならば、この際訂正をいたします。』を引用して）

この答弁は、日韓請求権協定自体によって、日本国民の財産、権利及び利益並びに請求権が国内法的に消滅するわけではないが、国際法上の概念である外交保護権の観点からいえば、日韓請求権協定の結果、日本国民の財産、権利及び利益並びに請求権について、韓国がこれをいかように処分しようとも（したがって、日本国民の請求権が韓国において救済されなくとも）、日本国として、韓国に対し、異議を唱えることができない、すなわち、韓国及びその国民は日本国民の請求に応じる義務がないということを述べたものであることは明らかであり、その構造は被告国の主張と同一なのである。……柳井条約局長の平成３年の政府答弁もまた、椎名悦三郎外務大臣の答弁と同様に、国際法上の概念である外交保護権の観点から、請求権放棄の効果を説明したに過ぎない。……」

おわかりですか。椎名外相は、１９６５年の日韓国会で、日韓請求権協定により、日本国民はかつて韓国内に存在した資産に関する権利を主張して韓国に訴えることはできる、しかし韓国がその請求を認めなくてもわが国としては外交保護権を放棄したので「いかんともできない」と答弁しているのです。おそろしくラフな答弁です。こんなラフな答弁に豊かな蜜があることを発見した法制・法務官僚は、目ざといと言うべきか、はたまた邪悪というべきか、ご判断はお任せします。

被告国は、日本国民の権利を韓国が救済しなくてもわが国は異議を述べることはできないのだから、韓国は日本国民の請求に応じる義務はないのだと、１９９１年の柳井外務省条約局長の国会答弁も、韓国がわが国と、日本国民が韓国国民と入れ替わるだけで、同じ趣旨だと、主張しているのです。こうなると、右記政府がつくりあげてきた「外交保護権のみ放棄論」で、「②国民個々人は、その権利、請求権を相手国の裁判所に訴えて救済を求めることは何ら支障がない。」と言っていたことも、実は、①による外交保護権放棄の結果、相手国はこれに応じる義務はないということになります。即ち、請求権はあっても絵に描いた餅、あっても無きに等しいことになるのです。まさにこれは強弁、強引な論法ですね。

さてこの理屈、私に言わせれば屁理屈《へりくつ》ですが、政府は、２０１８年11月20日付「衆議院議員初鹿明博君提出日韓請求権協定における個人の請求権に関する質問に対する答弁書」で以下のようにスマートに整理してみせました。「されど外交保護権のみ放棄論」の決定版です。

御指摘の平成3年8月27日及び同年12月13日の参議院予算委員会における柳井俊二外務省条約局長（当時）の答弁は、日韓請求権協定による我が国及び韓国並びにその国民の間の財産、権利及び利益並びに請求権の問題の解決について、国際法上の概念である外交的保護権の観点から説明したものであり、また、韓国との間の個人の請求権の問題については、先に述べた日韓請求権協定の規定がそれぞれの締約国内で適用されることにより、一方の締約国の国民の請求権に基づく請求に応ずべき他方の締約国及びその国民の法律上の義務が消滅し、その結果救済が拒否されることから、法的に解決済みとなっている。このような政府の見解は、一貫したものである。

では、わが国の最高裁判所はどう判断したのでしょうか。以下の通りです。もっと洗練されていると言うべきか、狡猾と言うべきか……。

Ⅰ　本訴請求は、日中戦争の遂行中に生じた中国人労働者の強制連行及び強制労働に係る安全配慮義務違反等を理由とする損害賠償請求であり、前記事実関係にかんがみて本件被害者らの被った精神的・肉体的な苦痛は極めて大きなものであったと認められるが、日中共同声明5項に基づく請求権放棄の対象となるといわざるを得ず、自発的な対応の余地があるとしても、裁判上訴求することは認められないというべきである。

Ⅱ　サンフランシスコ平和条約の枠組みにおいても、個別具体的な請求権について債務者側において任意の自発的な対応をすることは妨げられないところ、本件被害者らの被った精神的・肉体的苦痛が極めて大きかった一方、上告人は前述したような勤務条件で中国人労働者らを強制労働に従事させて相応の利益を受け、更に前記の補償金を取得しているなどの諸般の事情にかんがみると、上告人を含む関係者において、本件被害者らの被害の救済に向けた努力をすることが期待されるところである。

これは、中国山東省から強制連行され広島県内で過酷な労働をさせられた中国人と遺族らが西松建設株式会社に損害賠償を求めた西松建設事件と通称されている事件に関する2007年4月27日最高裁第二小法廷（中川了滋裁判長）判決の判決書抜粋です。

ご覧のように、日中共同声明第5項は、国家としての戦争賠償請求を放棄しているに過ぎないのに、前出のサンフランシスコ平和条約第14条（b）と同じ枠組みにはめ込む強引な解釈をしています（1995年3月9日、中国の当時の銭其琛副首相兼外相は、日中共同声明第5項で放棄したのは国家の戦争賠償請求権であって、個人の賠償請求は含まれない、賠償請求は国民の権利であり、政府は干渉すべきではない、との見解を示しています）。そして請求権はあるが自発的な対応はともかく裁判上訴求することは認められない特殊なものだと言っているのです。

請求権はあっても裁判上訴求できないという結論は、「されど外交保護権のみ放棄論」と実質的には同じ結果になります。とはいえ、たとえば消滅時効で消滅した請求権とか、破産免責債権とか、そういった特殊な請求権が法の世界には現に存在しますので、法理的にはよりスマートだと言えるかもしれません。

私は、この判決は、辻褄あわせの不当な解釈をしていると考えますが、Ⅱで、和解を勧めているようなのは、せめてもの慰めと言うべきでしょうか。

なお、この事件は、この和解の勧めに従い、当事者間で協議を進め、２００９年10月23日、東京簡易裁判所で、即決和解（当事者間で合意内容を定め、簡易裁判所において和解を成立させる。一種の裁判上の和解。）が成立しました（章末の資料参照）。

◉参考　日中共同声明第５項

中華人民共和国政府は、中日両国国民の友好のために、日本国に対する戦争賠償の請求を放棄することを宣言する。

この判決と同じ日に、戦時中に旧日本軍関与の下に慰安婦として使役された中国人女性二人が、日本国に損害賠償などを求めた中国人慰安婦事件で、最高裁第一小法廷（才口千晴裁判長）は、これとほぼ同旨の判決を言い渡しました。こちらは国が被告ですので、裁判所が和解を勧めるのは越権行為と考えたのか、和解を勧めるかのような文言はありません。しかし、「本件被害者らの被った精神的・肉体的な苦痛は極めて大きなものであったと認められるが、日中共同声明５項に基づく請求権放棄の対象となるといわざるを得ず、裁判上訴求することは認められない」との論旨は、同じく和解で解決することを暗に勧めているものと理解できるでしょう。

これらの最高裁判決以後、韓国人、中国人等外国人の戦後補償を問う裁判はことごとく斥けられ、行き場のなくなった被害者らが、自国の裁判所で最後の声を上げざるを得ない状況に追い込まれることになりました。韓国の被害者らが重い扉をこじあけ、ようやく韓国の裁判所にその訴えを認めさせるや否や、日韓請求権協定で解決済みだ、韓国政府は司法判断を是正せよ、などと迫るわが国政府は、これらの最高裁判決の考えからもはるかに遠いところにあると言わねばなりません。

さて、安倍前政権の対韓強硬姿勢を引き継いだ菅政権も、日韓請求権協定で一切解決済みなどという論で、カチカチの石になってしまっています。しかし、ここまで読んで頂いた皆さんには、その誤りが少しお分かりになったのではないでしょうか。

慰安婦問題は解決済みという主張は、まるでカルト宗教のように強固な思い込みによって成り立っています。それを批判するには、そのような「宗教」を生み出す現実的世界を批判しなければなりません（マルクス「ヘーゲル法哲学批判序説」）。本章では、ささやかながらそれを試みてみました。

慰安婦問題は日韓請求権協定で解決済みだと主張するわが国政府やそれに追随している人たちは、

もうメドゥーサの呪縛から解放されてもいいのではないでしょうか。

◉資料　西松建設事件即決和解

和解の内容は、以下のとおりである。

第1条　2007年4月27日最高裁第二小法廷判決が、中国人らの請求権は、1972年の日中共同声明による請求権放棄によって、裁判上訴求する権能を失ったとして西松建設の法的責任を否定しつつも、「本件被害者らの蒙った精神的・肉体的苦痛が極めて大きかった一方、上告人は前述した……上告人を含む関係者において、本件被害者らの被害の救済に向けた努力をすることが期待されるところである。」とあることを踏まえた和解であることを確認する。

第2条　申立人の安野発電所事業所での労働のため強制連行された中国人360名が受難したのは、「華人労務者内地移入に関する件」の閣議決定に基づく歴史的事実（以下、「安野案件」という。）であり、申立人は、これを事実として認め、企業としてもその歴史的責任を認識し、当該中国人生存者およびその遺族に対して深甚なる謝罪の意を表明する。

第3条　申立人と相手方らとは、後世の教育に資するために、安野案件の事実を記念する碑を建立する。建立の場所としては、土地の所有者、管理者の許諾が得られることを前提として、（中国電力）安野発電所（敷地内）を、第一の候補地とする。

第4条　申立人は、第2条の受難者360名とその遺族等に対し、一括した和解金として金2億5000万円を支払う。この金額は、受難に対する補償に加え、未判明者の調査費用、前項の記念碑の建立費用、受難者の故地参観・慰霊のための費用、その他第２条の受難にかかわる一切の費用を含むものとする。（以下略）――

ここにいう申立人、相手方は、即決和解申し立ての当事者という意味で、申立人は西松建設株式会社、相手方は中国人強制連行被害者らである。

なお、和解成立と同時に西松建設側代理人弁護士と中国人受難者、遺族側代理人との間で後日和解条項の解釈について疑義を生じさせないために、確認書を作成した（確認書の内容は省略）。

＊以上は、内田雅敏『花岡和解から西松和解へ――中国人強制連行・強制労働「受難之碑」を「友好之碑」へ』（立命館法学２０１０年５・６号／３３３・３３４号）に基づいて、私が作成した。本書で提起する話し合い解決をイメージして頂くために掲載した。

第3章　慰安婦問題合意（2015年12月）について

1　本判決後の文大統領の記者会見から

本判決後、わが国政府・外務省が公表した抗議伝達文等には、2015年12月の日韓政府間の慰安婦問題合意（以下、「慰安婦合意」とする）において、「最終的かつ不可逆的な解決」の確認をしていることを無視したという非難が加えられています。

そこで、慰安婦合意について検討したいと思います。

毎日新聞デジタル版の2021年1月30日付「政治プレミア」に、毎日新聞社ソウル支局長の堀山明子記者による記事が掲載されています。タイトルを「日本が勝訴しても、慰安婦問題が解決しない訳」と銘打ったこの記事、なかなかの力作です。

その中で、2021年1月18日に行われた文在寅大統領の記者会見の模様が報じられています。

――会見は、内外の記者20人が会見場に集まったほか、記者100人がオンラインでつながり、台本なしに文氏が指名する形式で実施された。会場にいた唯一の日本人だった私を、外交安保分野に関する２番目の質問者として、米ＣＮＮ記者の次に指さした。恐らく日本人の質問に答える覚悟をしていたのだろう。――

どこやらの国の総理大臣の、人数を絞り、あらかじめ質問を文書で出させ、官邸スタッフが書いた文書を読み流すだけの記者会見とは大違いです。会見の持ち方だけではなく、そこでの文大統領の応答ぶりも、まじめさ、一生懸命さが伝わり、好感が持てます。

堀山記者は、慰安婦問題に絞り、①過去に日本政府がとってきた慰安婦問題解決のための外交努力は今も有効と考えるか、②外交努力があっても判決に基づき日本政府は賠償を支払うべきだと考えるか、③日本政府の謝罪と一時金を受け入れた被害者と反対する被害者に分かれており、韓国内のコンセンサスづくりが課題だが、大統領としてどうまとめるか、の３点について質問しています。

わが国のマスコミが大きく報じた文大統領の「困惑」発言は、この質問に対する答えの冒頭に出てきますが、堀山記者はこの「困惑」発言の文脈を正確に記述しています。

――最初に「まず（日本が２０１９年夏に行った対韓）輸出規制の問題があり、強制徴用判決問題があると切り出し、それらを外交的に解決する努力をしている最中に「慰安婦判決がさらに加わったので、正直少し困惑した」と心境を吐露した。――

これは、日韓関係を正常化させることを願い、日本政府との対話の糸口を模索してきた文大統領としてはごく当たり前の発言でしょう。それが理解できずに文字通り困り果てていると捉えるのは偏見によるものと言わなければなりません。

堀山記者の記事を続けましょう。

――慰安婦問題解決のための2015年の日韓合意は「両国政府間の正式な合意」であり、それを土台としたうえで、被害者が同意する解決案を日韓両政府が模索し韓国政府は原告を最大限説得すると明言した。文大統領はこれまで、「合意は破棄も再交渉もしない」と言いながら、日本政府が10億円を拠出して韓国政府が設立した「和解・癒やし財団」を解散して事業をストップしており、そうした対応と比べれば、韓国政府が主体的に努力する姿勢を一歩踏み込んで示したと言える。賠償命令の強制執行については、慰安婦問題だけではなく、徴用工問題においても「望ましくない」と語り、「司法への不介入」を繰り返した従来の立場から変化が見えた。ただ、韓国政府としての具体的な解決案は示さず、過去の外交努力がどこまで有効なのかについても回答もなかった。――

わが国のマスコミは、文政権が本判決に困惑し、これまでの対日強硬姿勢を改めようとしているかのような報道をしています。堀山記者も、ややそれに引きずられているようです。

2　慰安婦合意のてん末

慰安婦合意は、元慰安婦や遺族ら被害者への真心からの謝罪という魂がこめられておらず、どうだ、とばかりに10億円の札びらを切り、「最終的かつ不可逆的な解決」と日本大使館前の少女像撤去を迫ったとの印象を韓国国民に与えてしまいました。

◉参考　慰安婦合意

２０１５年12月28日、日本国岸田文雄外務大臣、韓国尹炳世《ユンビョンセ》外交部長官が、ソウルの共同記者会見で発表した日韓両国政府の合意。要約すると、以下のことを確認しあった。

――日本側は内閣総理大臣としてのお詫びと反省を表明した上で韓国政府が元慰安婦支援のため設立する財団に日本政府が10億円を拠出し、両国が協力していくこと。これにより慰安婦問題が最終的かつ不可逆的に解決されたことを確認し、互いに非難・批判することは控えること。――

さらに同日夜、安倍首相（当時）は、朴大統領との電話会談で、「慰安婦として数多の苦痛を経験され、心身にわたり癒やしがたい傷を負われた全ての方々に対し、心からおわびと反省の気持ちを表明する。」と述べた。しかし、同時に安倍首相は「日韓間の財産・請求権の問題は、１９６５年の日韓請求権・経済協力協定で最終的かつ完全に解決済みとの我が国の立場に変わりはない」、「慰安婦問題が『最終的かつ不可逆的に』解決されることを歓迎する。」と述べた。

加えて、尹《ユン》外相が合意発表の共同記者会見で「(ソウルの日本大使館前の少女像について) 韓国政府としても、可能な対応方向について関連団体との協議を行う等を通じて、適切に解決されるよう努力する。」と述べ、その後岸田外相も「(少女像は) 適切に移転されるものと認識している。」と応じた。

合意発表直後の12月30日に韓国の世論調査機関リアルメーターが実施した世論調査では、「よくやった」とする人の割合は43・2%に対し、「よくない」は50・7%で、合意反対がやや上回る結果でした。ただし、日本政府が実行を求めた少女像撤去については反対が66・3%、特に20歳代では86・8%に及び、最初から韓国国民の手痛い反発に見舞われてしまいました。

２０１６年5月には、元慰安婦及び慰安婦の遺族らが、慰安婦合意は、被害者らの権利を侵害するとして、違憲であることの確認を求めて韓国憲法裁判所に提訴しました。これに対する同裁判所の判断は慰安婦合意は政治的合意で法的効果はないというものでした。

同年12月29日、右記のリアルメーターが行った世論調査では、合意の破棄を求める人は59%で、維持を唱える人の25・5%の倍以上と、慰安婦合意に対する反発は、一層厳しい様相を呈するに至りました。

ここまで韓国国民から総スカンをくらい、憲法裁判所からもダメ出しをくらった慰安婦合意を朴政権から引き継いだ文政権が、これをどのように取り扱っているかということを確認しましょう。

韓国政府は、２０１７年7月、外交部(韓国外務省)に「韓日日本軍慰安婦被害者問題合意検討タ

スクフォース」を設置し、合意過程を検証させました。その検証結果を踏まえて、韓国政府は、２０１８年１月、慰安婦合意に対する対処方針を公表しています。それは以下のとおりです。

１　韓国政府は慰安婦被害者の方々の名誉と尊厳の回復と心の傷の癒やしに向けてあらゆる努力を尽くす。

２　この過程で、被害者や関係団体、国民の意見を幅広く反映しながら、被害者中心の措置を模索する。日本政府が拠出した「和解・癒やし財団」への基金10億円については韓国政府の予算で充当し、この基金の今後の処理方法は日本政府と協議する。財団の今後の運営に関しては、当該省庁で被害者や関連団体、国民の意見を幅広く反映しながら、後続措置を用意する。

３　被害当事者たちの意思をきちんと反映していない２０１５年の合意では、慰安婦問題を本当に解決することはできない。

４　２０１５年の合意が両国間の公式合意だったという事実は否定できない。韓国政府は合意に関して日本政府に再交渉は求めない。ただ、日本側が自ら、国際的な普遍基準によって真実をありのまま認め、被害者の名誉と尊厳の回復と心の傷の癒やしに向けた努力を続けてくれることを期待する。被害者の女性が一様に願うのは、自発的で心がこもった謝罪である。

５　韓国政府は、真実と原則に立脚して歴史問題を扱っていく。歴史問題を賢明に解決するための努力を傾けると同時に、両国間の未来志向的な協力のために努力していく。

これを読む限り、韓国政府は、被害者、関係団体、国民との対話と日本政府との対話を通じて、両国間の公式合意であるこの慰安婦合意を基礎とした解決を追求しようとしていることがわかります。おそらく、日本政府が自ら真実をありのまま認め、被害者の名誉と尊厳の回復と心の傷を癒やすための誠実な態度を示すなど追加的措置をとることを期待し、日本政府の拠出した10億円に韓国政府の予算措置をプラスして原資を整え、被害者に対して正当な補償をする、という意味が込められているのではないでしょうか。

前記の記者会見で、文大統領が述べたことはこの方針から逸脱するものではなく、賠償を命ずる判決の強制執行は望ましくないと述べたことを取り上げて、従来の姿勢を変えるなどと深読みする必要はありませんし、司法の独立を尊重すると言っていた従来の姿勢に反するものだというのも正しい見方とは言えないでしょう。

強制執行が望ましくないのは誰しも共通に考えていることで、これは、おそらく原告団も、原告側弁護団も同じでしょう。しかし、それに安住していつまでも日本政府が何等の対応もしないなら、望ましくないことでもしなければならなくなってしまうのではないでしょうか。

堀山記者も紹介していますが、1月23日、冒頭の茂木外相談話が出されたあと、韓国政府は以下の見解を公表しました。これも従来の考え方を繰り返したに過ぎません。

韓国政府は、日本に対して政府レベルでいかなる追加請求もしない方針だが、被害当事者たちの問題提起を止める権利や権限を持っていない。慰安婦被害者らと相談して円満な解決に向けて、最後まで努力するが、日本も自ら表明した責任痛感と謝罪・反省の精神に基づいて、被害者たちの名誉・尊厳の回復と心の傷の治癒に向けた真の努力を見せなければならない。

◉参考　慰安婦合意に関する２０１９年12月27日韓国憲法裁判所決定

元慰安婦及び慰安婦の遺族らは、朴槿恵政権下の２０１６年５月27日、次の理由をあげて慰安婦合意は違憲であることの確認を求めた。

「『同問題（注：慰安婦問題）が最終的および不可逆的に解決されるものであることを確認』したとの意味は明確ではない。もし、これが、①韓国政府が被害者らに対する外交的保護を放棄する、という意味であれば、被害者らの損害賠償請求権実現についての政府の具体的作為義務を履行せず、損害賠償請求権実現に障害をもうけ、被害者らの財産権、人格権、外交的保護請求権等を侵害するものである。もしこれが、②被害者らの損害賠償請求権が消滅する、という意味であれば、被害者らの財産権である損害賠償請求権を喪失させ、被害者らの財産権を侵害するものである。」

これに対し、憲法裁判所は以下のように判断した。

「本件合意は日本軍『慰安婦』被害者問題の解決のための外交的協議の過程での政治的合意であり、過去事問題の解決と韓日両国間の協力関係の継続のための外交政策的判断であって、これに対する様々な評価は政治の領域に属する。本件合意の手続と形式においても、実質において具体的権利・義務の創設が認められず、本件合意を通じて日本軍『慰安婦』被害者らの権利が処分されたとか、大韓民国政府の外交的保護権が消滅したとは言えない以上、本件合意により日本軍「慰安婦」被害者らの法的地位が影響を受けるとは言えないので、上記被害者らの賠償請求権等の基本権を侵害する可能性があるとは言いがたい。」

3　慰安婦問題合意をどう生かすか

慰安婦合意で「最終的かつ不可逆的な解決」の確認をしたことの法的意味については、韓国憲法裁判所が既に法的拘束力のある合意ではなく政治的合意であるという判断をしています。韓国の憲法秩序の下では通常、裁判所は憲法裁判所の判断を前提に裁判をしなければなりません。従って本判決が慰安婦合意を斟酌しなかったのは当然のことです。ですから、本判決が慰安婦合意を無視した点をとらえて日本政府が抗議するのは、韓国の憲法秩序を無視した干渉と言うべきでしょう。いくら抗議すると言っても、韓国の憲法秩序を無視してはいけませんね。

慰安婦合意に対する、韓国政府の対処方針を再度確認しましょう。

韓国政府は、慰安婦合意は日韓政府間の公式合意であり、そこで合意した内容そのものについて再交渉を求めないことを明らかにしています。また、韓国政府として被害者らの名誉と尊厳の回復と心の傷の癒やしに向けてあらゆる努力を尽くすこと、元慰安婦や遺族ら被害者個々人の問題提起を止める権限はないことを表明しつつ、日本側からの自発的な形で、真実をありのまま認め、被害者の名誉と尊厳の回復と心の傷の癒やしに向けた努力をすることを期待するというものでした。被害者たちの願いは、自発的で心がこもった謝罪であり、韓国政府は「日本も自ら表明した責任痛感と謝罪・反省の精神に基づいて、被害者たちの名誉・尊厳の回復と心の傷の治癒に向けた真の努力を見せなければならない」とも要望しています。

慰安婦合意は、「最終的かつ不可逆的な解決」との文言と、日本大使館前の少女像撤去が前面に出すぎたために肝心の被害者に対する心の底からの謝罪と被害者らの尊厳を大切にすることがおろそかにされ、安倍前首相は朴大統領との電話会談で、「慰安婦として数多の苦痛を経験され、心身にわたり癒しがたい傷を負われた全ての方々におわびと反省の気持ちを表明する」と伝えただけでした。これでは韓国国民が反発してもいたしかたないでしょう。

今、望まれるのは、平場で、被害者一人一人に届く、内閣総理大臣による真心を込めた謝罪の言葉ではないでしょうか。韓国政府が望んでいることは、ややこしいことではなく、そういう簡単明瞭なことなのではないでしょうか。

慰安婦合意は政治的合意である、というのは韓国憲法裁判所の言う通りでしょう。今、日本政府が考えるべきことは、それに魂を吹き込み、真の解決に至らせる努力をすることです。本判決に目くじらを立てて抗議をし、エンドレスのバトルに持ち込むことは愚の骨頂ではないでしょうか。

終章　解決への筋道――「アジア女性基金」や慰安婦合意の経験も踏まえて

それでは慰安婦問題解決への筋道を、「アジア女性基金」の経験や慰安婦合意の経験もふまえて考えてみましょう。

1　「アジア女性基金」事業

まずは１９９５年、自民、社会、さきがけ三党連立の村山富市政権時代の「女性のためのアジア平和国民基金」（「アジア女性基金」）の経験を思い起こして頂きたいと思います。

村山首相（当時）が就任間もなくの１９９４年８月31日に出された「戦後50年に向けての村山富市内閣総理大臣の談話」が、その出発点になりました。

「我が国が過去の一時期に行った行為は、国民に多くの犠牲をもたらしたばかりでなく、アジアの近隣諸国等の人々に、いまなお癒しがたい傷痕を残しています。私は、我が国の侵略行為や植民地支配などが多くの人々に耐え難い苦しみと悲しみをもたらしたことに対し、深い反省の気持ちに立って、不戦の決意の下、世界平和の創造に向かって力を尽くしていくことが、これからの日本の歩むべき進路であると考えます」

「いわゆる従軍慰安婦問題は、女性の名誉と尊厳を深く傷つけた問題であり、私はこの機会に、改めて、心から深い反省とお詫びの気持ちを申し上げたいと思います。我が国としては、このような問題も含め、過去の歴史を直視し、正しくこれを後世に伝えるとともに、関係諸国等との相互理解の一層の増進に努めることが、我が国のお詫びと反省の気持ちを表すことになると考えており、本計画は、このような気持ちを踏まえたものであります。なお、以上の政府の計画とあいまって、この気持ちを国民の皆様にも分かち合っていただくため、幅広い国民参加の道をともに探求していきたいと考えます」


ここには村山氏の並々ならぬ決意が示されています。

これに基づいて、与党三党合意の下に「戦後50年問題プロジェクトチーム」が発足し、アジア侵略の犠牲者のための戦後補償についても検討されました。そうした検討の中から「アジア女性基金」の構想が具体化しました。

国際法学者・大沼保昭東大名誉教授は、戦後補償問題を追求する市民運動に早くからかかわっていましたが、「アジア女性基金」にも構想段階から深くかかわっています。大沼氏によると、構想のスタート時には、政府と国民が半額ずつ出し合ってすべてのアジア侵略の犠牲者を救済するための包括的補償基金を設立する構想が検討されたとのことです。しかし結局は、慰安婦問題に対象を絞り、かつ被害者への償い金は、政府資金を用いず国民からの基金でまかなうということにとどまらざるを得ませんでした。そうなったのは、村山政権の政治基盤の弱さゆえであったと大沼氏は明かしています。この手の話は鳩山政権の記憶がまだ頭にこびりついている私たちにはよく理解できることですね。鳩山政権の普天間基地県外移設構想が挫折したのは、当の鳩山由紀夫首相（当時）の資質の問題もあったと指摘されていますが、より根源的には、外務省官僚、防衛省官僚があの手この手の抵抗を示し、閣内及び与党からの支援も得られなかったことが原因でした。村山政権の戦後補償推進の構想に関しても、外務省の官僚の抵抗や連立政権与党や閣内の冷ややかな姿勢、端的に言えば守旧派の抵抗があったのです。

それでも、「アジア女性基金」の事務局の人件費、運営費、広報費などの運営経費は国家資金によること、償い金とは別に国家資金で医療福祉支援事業を実施することが決められました。

一般に、寄付金というものは運営費に相当部分が喰われてしまい、被害者に届くのは一部にとどまるのが実情ですから、一人一律200万円の償い金に国家資金が寄与していることは明らかです。韓国、台湾の被害者には一人300万円、フィリピンの被害者には一人120万円とされた医療福祉支援事業資金も国家資金から支給されるわけですから、「アジア女性基金」の事業は国家補償的な意味合いを持つと言ってもよいでしょう。

「アジア女性基金」は、1995年7月に発足し、以下の事業を行うこととなりました。

①フィリピン、韓国、台湾の元慰安婦に対し、償い金を支給する
②同じくフィリピン、韓国、台湾の元慰安婦に対し、5年間にわたり医療福祉支援事業を実施する

③償い金を支給する際に「総理の手紙」を手渡す
④元慰安婦の認定が困難なインドネシア、オランダにおいては、別途事業を実施する

「総理の手紙」の文面を紹介すると以下のようになっています。

拝啓　このたび、政府と国民が協力して進めている「女性のためのアジア平和国民基金」を通じ、元従軍慰安婦の方々へのわが国の国民的な償いが行われるに際し、私の気持ちを表明させていただきます。

いわゆる従軍慰安婦問題は、当時の軍の関与の下に、多数の女性の名誉と尊厳を深く傷つけた問題でございました。私は、日本国の内閣総理大臣として改めて、いわゆる従軍慰安婦として数多の苦痛を経験され、心身にわたり癒しがたい傷を負われたすべての方々に対し、心からおわびと反省の気持ちを申し上げます。

我々は、過去の重みからも未来への責任からも逃げるわけにはまいりません。わが国としては、道義的な責任を痛感しつつ、おわびと反省の気持ちを踏まえ、過去の歴史を直視し、正しくこれを後世に伝えるとともに、いわれなき暴力など女性の名誉と尊厳に関わる諸問題にも積極的に取り組んでいかなければならないと考えております。

末筆ながら、皆様方のこれからの人生が安らかなものとなりますよう、心からお祈りしております。

敬具

日本国内閣総理大臣　〇〇〇〇

平成〇〇（〇〇〇〇）年

慰安婦合意における安倍前首相の謝罪の言葉ですが、被害者に直接届けるものではなかった点は論外ですが、その内容もこの手紙の文面と比べどれほど軽いものであったかおわかりかと思います。

「アジア女性基金」は、２００７年3月に解散となりました。予定した事業は、韓国では当時韓国政府が認定していた元慰安婦２０７名のうち60名に受け入れられたにとどまり（同基金事務局長をつとめた和田春樹東大名誉教授による）、惨憺《さんたん》たる失敗であったと言わなければなりません。失敗に帰したのは、償い金が国家資金によるものではなく、日本の法的責任を明らかにするものではないことが主な理由となって、元慰安婦ら及び支援団体の賛同が得られず、韓国のマスコミの反発を呼び、さらには韓国政府の協力を得られなかったからでした。

運営費と医療福祉事業の実施は国家資金、しかし償い金は民間資金による、という技巧的な区分けをすることなく、償い金は国家資金と一部民間資金による日本国および日本国民のお詫び金だということを明確にすれば、展開が変わっていた可能性は高いでしょう。それができなかったのは償い金に国家資金を出せないという守旧派の抵抗があったからですが、大切な局面でそのような抵抗に譲歩してしまったのは残念でなりません。

2　慰安婦合意

一方、慰安婦合意は、「アジア女性基金」事業に輪をかけてひどい失敗でした。しかし、この合意により韓国政府に交付された10億円はまぎれもなく国家資金です。そのことだけに限って見れば「アジア女性基金」より前進がありました。

慰安婦合意の致命的欠陥は、まがりなりにも「アジア女性基金」事業で示そうとした被害者の尊厳を大切にする姿勢を完全に欠落させ、しかも「最終的かつ不可逆的な解決」を強調し、日本大使館前の少女像撤去を迫った、ということでした。それは安倍前首相の侵略戦争と植民地支配の歴史を歪曲する歴史修正主義という宿痾《しゅくあ》によるものかもしれません。

慰安婦合意後の日本政府の言動も事態を悪化させた大きな要因であることを指摘しなければなりません。

２０１５年12月28日の日本・岸田文雄外相と韓国・尹炳世《ユンビョンセ》外交部長官の共同記者会見で公表された日本側声明第２項は、「日本政府は、これまでも本問題に真摯に取り組んできたところ、その経験に立って、今般、日本政府の予算により、全ての元慰安婦の方々の心の傷を癒やす措置を講じる。具体的には、韓国政府が、元慰安婦の方々の支援を目的とした財団を設立し、これに日本政府の予算で資金を一括で拠出し、日韓両政府が協力し、全ての元慰安婦の方々の名誉と尊厳の回復、心の傷の癒やしのための事業を行うこととする。」という表現になっていました。ところが双方の声明が公表された後の記者らからの一問一答式の質疑で、岸田外相は、わざわざ日本政府拠出金の趣旨を、「財団は日韓で協力して事業を行うものであり、賠償ではありません。」と釈明をしてしまいました。これでは折角の拠出金10億円も、著しくその価値が損なわれたと言わなければなりません。

さらに合意直後の２０１６年1月7日、衆議院本会議で、安倍前首相は、「私は、私たちの子や孫、そしてその先の世代の子供たちに、謝罪し続ける宿命を背負わせるわけにはいかないと考えております。今回の合意は、その決意を実行に移すために決断したものであります。」と述べました。

韓国国民の慰安婦合意直後の反応は、合意反対が賛成をやや上回る程度で、まだ日本政府の姿勢如何によってはどう進展するか、何とも言えない状況だったといってよかったでしょう。その矢先に、日本の国会で、日本政府の責任者が、元慰安婦やその遺族ら被害者、韓国国民の立場や気持ちを歯牙にもかけず、日本国民の都合だけをことさら重要視して決断したのだなどという発言をしたのです。これが、どれだけ韓国国民の心情を逆なでし、韓国国民の中に慰安婦合意に反対する世論を強めるきっかけになったか想像するに難くありません。

慰安婦合意は、結果的には、合意内容自体や合意のプロセス、合意の基礎となる精神において致命的欠陥があった上に、その後の日本政府当局者の言動により意義や価値が著しく減損され、死に体となってしまっているのが現状です。それでも韓国政府の公式見解は前に述べましたが、繰り返すと以下のとおりであり、無効だとも廃棄するとも言っていません。

――２０１５年の合意が両国間の公式合意だったという事実は否定できない。韓国政府は合意に関して日本政府に再交渉は求めない。ただ、日本側が自ら、国際的な普遍基準によって真実をありのまま認め、被害者の名誉と尊厳の回復と心の傷の癒やしに向けた努力を続けてくれることを期待する。被害者の女性が一様に願うのは、自発的で心がこもった謝罪である。――

慰安婦合意は死に体となっていますが、まだ息を吹き込む余地があるのです。

3　解決への筋道の提起

これらの過去の失敗に学び、わが国の最高裁判所の考え方（日韓請求権協定により個々の請求権は残っているが訴求権能は失われ、裁判による請求は棄却される、しかし暗に和解することを求めている）、本判決をはじめ韓国司法の法的見解、韓国政府の見解などにも慎重な配慮をめぐらし、以下のような解決への筋道を提起したいと思います。

①まず日韓両国政府は無条件で話し合いを再開し、それを通じて、これまでの解決への試みが失敗に終わってしまった理由及びその原因がどこにあったのかを確認し、同時に、これまでの解決の試みには慰安婦問題解決への一定の評価に値する面があったことも確認する

②その確認の上に立って、日本政府は２０１５年12月の慰安婦合意により提供した10億円は、日本国としての被害者らに対するお詫びのお金であり、償い金であることを明言する

③その上で、日本政府は韓国政府の了解を得て、元慰安婦、死亡した元慰安婦の遺族ら被害者と面談し、これまでの解決に向けての事業の問題点と一定の評価に値する面を、できる限りわかりやすく説明するとともに、真心を込めて謝罪し、「アジア女性基金」事業における日本国総理大臣の手紙を被害者らに手渡す

④長年続いた被害者らと日本国との法的紛争はこれをもって終結するが、このような過ちを繰り返さないため、日本国政府としてその原因を究明し、再発防止のために朝鮮半島への植民地支配の歴史、アジア侵略の歴史を風化させないような措置をとる

「はじめに」でもとりあげた、吉見氏が『従軍慰安婦』（岩波新書）で四半世紀以上前に提起した日本政府がとるべき解決への措置を再掲してみましょう。

①従軍慰安婦に関する政府資料の全面公開と、すべての被害国の証人からのヒアリングによる真相解明

②国際法違反行為・戦争犯罪を日本国家が行ったことの承認と謝罪

③責任者を処罰してこなかった責任の承認

④被害者の更生（リハビリテーション）の実行

⑤被害者の名誉回復と個人賠償

⑥何が過ちであったのかを明確にとらえ、過ちをくりかえさないための歴史教育・人権教育の実施、

被害者を追悼するための記念碑の設置、史実をあきらかにするための資料センターの設置、歴史を記憶する記念館の設置、あるいはそれへの援助など、再発防止措置の実行

これと対照させると、私の右記の提言は足らざるところが多く、内心忸怩たるものがありますが、この四半世紀以上の時は大きな壁として立ちはだかっており、日韓双方の国民意識もまた大きく変わろうとしていることも考えなければなりません。吉見氏からはとても及第点はもらえないかもしれませんが、敢えて提起させて頂きました。

さいごに

私の身近な人々からも慰安婦問題は解決済みだという声が聞こえてきます。本書では、いやそうではない、まだ全然解決していないのだと突っ張ってみました。

救済されていない被害者が多数いることはおそらくまともに事実を見ることができる人なら誰しも認めるところでしょう。それは認識の目を押し広げる第一歩です。

そして救済されていない被害者がいるのは何故かと問い、その答えを自分なりにあげてみてはいかがでしょうか。

中には、被害者が片意地をはっているからだという人もいるでしょう。いやそう考える人が多いかもしれません。しかし、考えてもみて下さい。慰安婦の人達が受けた非人間的扱いを。たとえば本判決が認定した被害の一例だけ紹介しておきましょう。

原告〇〇は1927年に釜山で出生したが、1942年7月頃買い物に行く途中で知らない男たちに強制的に連れられて中国に行った。

原告〇〇は中国吉林省延吉に到着した後、鉄格子が設置された収容所に収容され、名前を「トミコ」に変え、日本軍が使用していた飛行場を拡張する工事に動員されて働いたが、工事現場には人夫たちが逃亡できないように電気が流れる鉄条網が設置されていた。その中で何回も日本軍人たちから強姦と暴行を受けた。しばらく後、日本軍人たちは原告〇〇を近くの慰安所に送り、原告〇〇は慰安所に収容され一日に30～40名にのぼる日本軍人を相手にする慰安婦生活をさせられた。原告〇〇が日本軍人らの性的な要求にまともに応じられなかったときに、彼らから凶器を使った深刻な暴行を受けたこともある。

結局原告〇〇は梅毒にかかり、その治療を受けさせられ、６０６号注射を定期的に打っても完治しないと、水銀を使用する極端な治療を受けさせられ、その治療後には妊娠できなくなった。

原告〇〇は慰安所から脱出し、日本軍によって慰安所に連れ戻され、体中血だらけになるまで暴行を受けたこともある。この時耳を殴られて耳の病気を患うようになったが、治療を受けられず、耳がよく聞こえなくなった。

また中には、韓国政府が慰安婦合意を履行しないからだという人もいるでしょう。これも随分多いかもしれません。しかし、考えてもみて下さい。その合意は、正義にかなうものであったのかと。慰安婦合意の内容と経過を繰りかえしませんが、瑕疵あるもので規範性に乏しいものだったのです。

その上で、それではどうするべきかを考えてみましょう。政府は勿論、私たち国民も、解決済み、解決済みと何のご利益もない言葉を繰り返すのではなく、過去の経過を冷静に振り返り、解決のためにもう一汗かいてみようではありませんか。そうすれば真の解決への道は意外と近いのかもしれません。このささやかな本が世に出るころには、韓国ソウル中央地方法院において、元慰安婦や遺族らがわが国に対する国家賠償を求めた第二陣の訴訟の判決が下されることでしょう。その判決の結果がどうであれ、私たちは慰安婦問題解決への努力を続けたいものです。

末尾ながら、本書の原稿を読んで的確な助言を寄せて頂いた歴史学者の吉見氏、本書出版にご助力いただいた弁護士の藤本齋氏、政治学者の加藤哲郎氏にお礼を申し上げておきたいと思います。皆、半世紀も前に東大で青春時代を共に過ごした仲間です。それから出版を引き受けて頂いた花伝社の平田勝氏にも。平田氏は少し上の世代で直接の面識はありませんが私から見れば伝説中の人物でした。花伝社の編集スタッフとしてお世話頂いた大澤茉実氏にもお礼を申し上げて擱筆いたします。

（了）

参考文献

※本文中で紹介したものを除き、主なものをあげておきます。

太田修『〔新装新版〕日韓交渉　請求権問題の研究』（クレイン）
吉澤文寿『日韓会談1965　戦後日韓関係の原点を検証する』（高文研）
同『五〇年目の日韓つながり直し――日韓請求権協定から考える』（社会評論社）
高崎宗司『検証　日韓会談』（岩波新書）
李鍾元・木宮正史・磯崎典世・浅羽祐樹『戦後日韓関係史』（有斐閣アルマ）
趙景達『植民地朝鮮と日本』（岩波新書）
文京洙『新・韓国現代史』（同）
同『文在寅時代の韓国――「弔い」の民主主義』（同）
阿部浩己『国際法の暴力を超えて』（岩波書店）
山手治之「ドイツ占領軍の違法行為に対するギリシア国民の損害賠償請求権」(1)(2)（京都学園法学2005年第2・3号、2006年第3号）
ライナー・ホフマン／山手治之（訳）「戦争被害者に対する補償――1949年以降のドイツの実行と現在の展開」（立命館法学2006年第2号）
山手治之『日韓請求権協定第2条の解釈について(1)』（京都学園法学2007年第2・3号）
戸塚悦朗『歴史認識と日韓の「和解」への道――徴用工問題と韓国大法院判決を理解するために』（日本評論社）
歴史学研究会・日本史研究会編『「慰安婦」問題を／から考える――軍事性暴力と日常世界』（岩波書店）
大沼保昭『「慰安婦」問題とは何だったのか――メディア・NGO・政府の功罪』（中公新書）
深草徹『戦後最悪の日韓関係――その責任は安倍政権にある』（かもがわ出版）

深草　徹（ふかくさ・とおる）
1946年6月28日生。1969年東京大学法学部卒、鉄鋼会社勤務を経て1977年弁護士登録（兵庫県弁護士会）。労働事件、公害事件を中心に、憲法が保障する基本的人権に関わる事件を多数担当。2018年弁護士リタイア。
深草憲法問題研究室
九条の会・ひがしなだ共同代表世話人

著書・論文に、『戦後最悪の日韓関係――その責任は安倍政権にある』（かもがわ出版）、「「9条加憲」は自衛隊を普通の軍隊とする一里塚」（兵庫県人権問題研究所・季刊『人権問題』第51号）、「独立国の矜持とは～外国軍隊の撤退を求めた明治政府～」（同第53・54号）。

「慰安婦」問題の解決――戦後補償への法的視座から

2021年4月5日　初版第1刷発行

著者――――深草　徹
発行者 ―――平田　勝
発行――――花伝社
発売――――共栄書房
〒101-0065　東京都千代田区西神田2-5-11 出版輸送ビル2F
電話　03-3263-3813
FAX　03-3239-8272
E-mail　info@kadensha.net
URL　http://www.kadensha.net
振替　00140-6-59661
装幀――――北田雄一郎
印刷・製本――中央精版印刷株式会社

ISBN978-4-7634-0962-1　C0036